武漢仲裁

ARBITRATION OF WUHAN

武汉仲裁委员会（武汉国际仲裁中心）
湖 北 省 法 学 会 仲 裁 法 研 究 会
主办

（第3辑）

仲裁法律修改专辑

法律出版社
LAW PRESS · CHINA
北京

图书在版编目(CIP)数据

武汉仲裁. 第3辑 / 武汉仲裁委员会(武汉国际仲裁中心), 湖北省法学会仲裁法研究会主办. -- 北京 : 法律出版社, 2022
ISBN 978-7-5197-6043-4

Ⅰ. ①武… Ⅱ. ①武… ②湖… Ⅲ. ①仲裁-司法监督-中国-文集 Ⅳ. ①D925.7-53

中国版本图书馆 CIP 数据核字(2021)第205172号

武汉仲裁(第3辑)
WUHAN ZHONGCAI
(DI-3 JI)

武汉仲裁委员会(武汉国际仲裁中心)
湖北省法学会仲裁法研究会 主办

策划编辑 沈小英
责任编辑 刘晓萌 王美懿
装帧设计 李 瞻

出版发行 法律出版社
编辑统筹 法治与经济出版分社
责任校对 王 丰
责任印制 吕亚莉
经 销 新华书店

开本 710毫米×1000毫米 1/16
印张 14.25 字数 186千
版本 2022年4月第1版
印次 2022年4月第1次印刷
印刷 固安华明印业有限公司

地址:北京市丰台区莲花池西里7号(100073)
网址:www.lawpress.com.cn
投稿邮箱:info@lawpress.com.cn
举报盗版邮箱:jbwq@lawpress.com.cn
销售电话:010-83938349
客服电话:010-83938350
咨询电话:010-63939796

书号:ISBN 978-7-5197-6043-4
定价:58.00元

卷首语

自《中华人民共和国仲裁法》颁布实施以来，中国仲裁事业经历了从无到有、从单一到多元的发展历程，无论是在机构设置还是在业务拓展、制度建构等方面，均取得了举世瞩目的成就。仲裁的社会参与度逐年提升，中国仲裁的公信力和影响力正不断扩大。在仲裁实践稳步推进的同时，如何实现以理论创新引领实践潮流，成为新时期武汉仲裁的新使命。为此，武汉仲裁不断调整充实仲裁发展与创新领域布局，凝练聚焦重大发展任务，立足理论研究和实务探索，努力实现前瞻性基础研究和引领性原创成果。

诚然，对美好法治的追求，需要硬件设施的物质供给，也需要法律研究的智识助力。武汉仲裁委员会（武汉国际仲裁中心）于2006年开始出版《商事仲裁》系列出版物，为武汉仲裁法律实务发展添附了浓厚的文化底蕴，供给了强大的理论支持。但由于《商事仲裁》名字过于宽泛，无法突出地方特色，且图书开本较大，不方便读者携带，为方便读者阅读，继续扩大其在实务界和理论界的影响力，使书刊更好地发展，编辑部在积累了充足的发行经验、先进的出版理念基础上，决定将《商事仲裁》改版更名为《武汉仲裁》，并对其版式与封面设计进行全新调整。

时逢仲裁体制改革之际,我们既有幸抓住新的发展机遇,又需面临新一轮提炼"仲裁问题"、升华理论命题、推动仲裁理论创新与变革的严峻挑战。在这一时代背景下,承蒙社会各界的关心与支持,《武汉仲裁》愿与各界仲裁同仁一道秉持理性、情怀和责任,原道古今,一起搭建高水平、有特色的学术交流与创新平台。通过交流仲裁理论上的学术洞见,以及仲裁实践问题的深度回应和对策性研究,进一步推动中国仲裁事业的发展。

在新时代中国仲裁的伟大实践中,《武汉仲裁》将继续坚定正确的舆论导向,紧跟新的时代步伐,把握仲裁创新脉搏,高度重视自身传播能力的建设和传播手段的创新,不断提升学术的传播力、引导力,以传播为务、读者为一;持续致力于为仲裁参与者提供专业的实务知识,不遗余力地为读者提供新的仲裁实践经验与思考路径,为仲裁研究者提供精要的仲裁理论前沿。本书组稿也将以理论与实践结合为根本,充分凸显武汉仲裁特色,发挥本书影响力,提升武汉仲裁凝聚力,发挥品牌优势,生成品牌力量,再接再厉为中国仲裁事业的繁荣发展添砖加瓦。

借此机会,谨向长期以来一直关心支持本书的各界朋友、广大新老作者和读者致以衷心的感谢。《武汉仲裁》定将初心不改,重新起航。

《武汉仲裁》编辑部

2018 年 12 月

目　　录

【仲裁法律修改】

【仲裁实务】

【仲裁法律修改】

论我国《仲裁法》中“仲裁地”的概念①

徐伟功*　赖宛仪**

摘　要　我国1995年《仲裁法》没有明确规定仲裁地的概念，引发了仲裁裁决国籍的认定混乱、对境外仲裁机构在我国作出仲裁裁决司法监督缺失、阻碍在线仲裁发展等问题。仲裁地的缺失不仅影响仲裁的法律适用，而且影响仲裁的司法监督以及承认与执行问题。我国《仲裁法》确立仲裁地的概念，有利于境外仲裁机构在我国开展仲裁业务、解决我国仲裁裁决国籍认定上的实践以及我国打造国际商事仲裁中心。我国《仲裁法》今后的修改应明确仲裁地的认定方法、明确“仲裁地”与“庭审地”的区别、确立仲裁地作为仲裁裁决国籍的认定标准以及明确仲裁地法院行使仲裁裁决的撤销权。如此才能为我国“一带一路”建设提供高质量的法律制度保障。

① 本文系2019年国家社会科学基金重点项目“我国涉外民事审判中法官自由裁量权实证研究”（项目批号：19AFX026）阶段性成果；系2021年中南财经政法大学中央高校基本科研业务费专项资金资助，研究生实践创新项目“我国国际商事法庭调解制度研究”（项目编号：202110696）最终成果之一。

* 中南财经政法大学法学院教授、博士研究生导师。

** 中南财经政法大学法学院国际私法2019级硕士研究生。

关键词 仲裁地 仲裁的法律适用 仲裁裁决的国籍 仲裁机构所在地

在国际商事仲裁中，仲裁地是一个重要的法律概念，其在仲裁中起到非常关键的作用。如果当事人没有选择仲裁协议适用的法律，一般适用仲裁地法；如果当事人没有选择仲裁程序法，一般也适用仲裁地的程序法；[①]如果当事人没有选择仲裁实体法，也有可能适用仲裁地的冲突规范所指引的法律。仲裁地还是判断仲裁裁决国籍的一项标准，决定着仲裁裁决是内国裁决还是外国裁决。但是1995年《中华人民共和国仲裁法》（以下简称《仲裁法》）却没有规定仲裁地的概念，只是规定了仲裁委员会所在地以及仲裁机构所在地。2017年《中华人民共和国民事诉讼法》（以下简称《民事诉讼法》）第283条规定承认和执行国外仲裁机构的裁决，对仲裁裁决的国籍采取的是仲裁机构所在地的标准。2005年《最高人民法院关于适用〈中华人民共和国仲裁法〉若干问题的解释》（以下简称2005年《司法解释》）首次规定了仲裁地，其第16条规定："对涉外仲裁协议的效力审查，适用当事人约定的法律；当事人没有约定适用的法律但约定了仲裁地的，适用仲裁地法律；没有约定适用的法律也没有约定仲裁地或者仲裁地约定不明的，适用法院地法律。"2010年《中华人民共和国涉外民事关系法律适用法》（以下简称《法律适用法》）第一次在立法中规定了仲裁地，其第18条规定："当事人可以协议选择仲裁协议适用的法律。当事人没有选择的，适用仲裁机构所在地法律或者仲裁地法律。"无论是2005年《司法解释》，还是2010年的《法律适用法》都没有对仲裁地的概念作出

① 参见徐伟功编著：《国际商事仲裁理论与实务》，华中科技大学出版社2017年版，第84页。

明确的界定。我国《仲裁法》未规定仲裁地概念,使仲裁实践中出现一些问题,尤其是判断仲裁裁决国籍的标准与通行的做法不一致,导致境外仲裁机构在我国作出的裁决国籍认定的混乱。因此,我国《仲裁法》应作出必要的修改,规定仲裁地的概念。

一、仲裁地的含义及其意义

(一)仲裁地的含义

仲裁地是国际商事仲裁中特有的法律概念,是仲裁裁决的本座所在地,也是仲裁裁决被正式作出的地方。[①] 一般来说,仲裁地是指当事人约定的,或者在当事人无约定时由仲裁庭、仲裁机构以及其他有权组织确定的仲裁地点。[②] 仲裁地不仅仅是地理概念,更重要的是法律概念。其代表了仲裁与特定法域以及相关法律体系之间的紧密联系,也代表当事人愿意接受该地域法律的监督,使国际商事仲裁不至于“漂浮在跨国界的天空之中,而与任何一个国内法体系均无关联”。[③]

与仲裁地相关联或相混淆的概念主要有仲裁开庭地、仲裁裁决合议地。仲裁开庭地和仲裁裁决合议地更多的是地理概念,表明仲裁庭审过程以及仲裁员合议实际进行的地方,其除代表开庭以及合议地点的事实外,往往不具备任何的法律意义。[④] 在国际商事仲裁中,仲裁地与仲裁开庭地可能不一致,前者考虑的中心是仲裁与某一法域之间的联系,后者考虑的中心是庭审的便利,包括当

---

① Gary B. Born, *International Arbitration: Cases and Materials* (Second Edition), Kluwer Law International, 2015, p. 36.

② 参见覃华平:《国际商事仲裁中仲裁地的确定及其法律意义——从 BNA v. BNB and another 案谈起》,载《商事仲裁与调解》2020 年第 2 期。

③ 参见 Bank Mellat v. Helliniki Techniki SA[1984] Q. B. 291, CA. 转引自吕炳斌:《“仲裁机构所在地”、“仲裁地”和“开庭地点”的界定和区分》,载《北京仲裁》2009 年第 2 期。

④ 参见赵秀文:《论法律意义上的仲裁地点及其确定》,载《时代法学》2005 年第 1 期。

事人出庭的方便、获得证据以及证人出庭的容易程度,或者考虑开庭地点是否具备开庭设备条件等。例如,在国际商会(International Chamber of Commerce,ICC)国际商事仲裁中,中国与英国当事人约定仲裁地在巴黎,但是约定开庭地在我国香港特别行政区,仲裁员的合议地点在伦敦。当然,在有的国际商事仲裁中,仲裁地、开庭地、合议地可能在一个地方。例如,当事人约定ICC上海,仲裁庭开庭地、合议地也在上海,于是出现三地合一的情况。正因为出现三地合一的情况,所以有的当事人认为开庭地就是仲裁地,这种观点是不正确的。

在国际商事仲裁中,如果当事人没有约定仲裁的开庭地,仲裁机构一般都规定仲裁机构的所在地为开庭地,开庭地有无选择,并不影响仲裁当事人的权利与义务,也不影响仲裁程序的推进以及与特定法域的联系,只是影响了当事人的便利程度以及开庭设施是否完备等。如果仲裁地不明确,则极大影响了仲裁监督、仲裁裁决国籍的确定以及仲裁裁决的承认与执行,影响能否根据1958年《承认及执行外国仲裁裁决公约》(以下简称《纽约公约》)对仲裁裁决的承认与执行。所以,仲裁地的认定具有极其重要的意义。在国际商事仲裁中,通常情况下,仲裁机构的仲裁示范条款都要求当事人约定仲裁地。例如,英国伦敦国际仲裁院建议的示范仲裁条款规定:

"凡产生于本合同或与本合同相关的任何争议,包括有关合同的存在、效力或终止任何问题,均应按照英国伦敦国际仲裁院仲裁规则,提交仲裁并由仲裁最终解决,此规则被认为引用合并到该条款中。

"仲裁员人数应为[一名/三名]。

“仲裁地或仲裁法律地应为[城市和/或国家]

“仲裁程序应当使用的语言为[ ]。

“本合同应当受[ ]实体法所管辖。”

在有的国际商事仲裁中,当事人没有约定仲裁地,这就涉及如何对仲裁地作出认定的问题。

在机构仲裁中,当事人约定了仲裁机构,仲裁地可以根据该机构的仲裁规则作出认定。仲裁地的认定主要有两种做法:一是一般将仲裁机构所在地作为仲裁地,在特殊情况下也可以认定其他地方为仲裁地。例如,《中国国际经济贸易仲裁委员会仲裁规则(2015 版)》第 7 条第 2 款规定:“当事人对仲裁地未作约定或约定不明的,以管理案件的仲裁委员会或其分会/仲裁中心所在地为仲裁地;仲裁委员会也可视案件的具体情形确定其他地点为仲裁地。”二是由仲裁机构作出认定,但并没有具体规定认定的标准,由仲裁机构根据仲裁案件的具体情况进行认定。例如,2021 年《国际商会国际仲裁院仲裁规则》第 18 条规定:“仲裁地点,(1)除非当事人另有约定,否则仲裁地点由仲裁院确定。”伦敦国际仲裁院、斯德哥尔摩商会以及世界知识产权组织等基本上都规定由仲裁机构进行确定仲裁地。当然,也有的仲裁机构将仲裁地的认定最终权利授予仲裁庭。例如,2014 年《美国仲裁协会国际仲裁规则》第 17 条第 1 款规定:“如果当事人未在仲裁管理人规定的期限内就仲裁地达成一致,仲裁管理人可以初步确定仲裁地,但仲裁庭有权在其组成后 45 天内最后确定。”

如果双方当事人约定临时仲裁,则仲裁地一般由仲裁庭确定。在临时仲裁中,如果当事人选择了《联合国国际贸易法委员会仲裁规则》,根据该规则第 18 条规定,各方当事人未事先约定仲裁地的,仲裁庭应根据案情确定仲裁地。《联合国国际贸易法委员会国际商事仲裁示范法》(1985 年 6 月 21 日通过,2006 年 7 月 7 日修订,以下简称《示范法》)第 20 条第 1 款也作出同样的规定,即当事各方可以自由地就仲裁地点达成协议。如未达成此种协议,仲裁地点应由仲裁庭确定,但应考虑案件的情况,包括当事各方的方便。

鉴于仲裁地在国际商事仲裁中的作用,其不仅仅是关于仲裁进行地的问题,而且关乎适用仲裁地的法律支配仲裁程序、仲裁协议的有效性以及可仲裁性等,所以当事人在订立仲裁协议时,都要谨慎地对待仲裁地,一般不要将仲裁地的确定留给仲裁庭。仲裁庭所确认的仲裁地并不一定是当事人意欲选择的仲裁地。①

(二)仲裁地的意义

仲裁地不仅影响了仲裁协议、仲裁程序、仲裁实体问题的法律适用,而且影响了仲裁裁决的国籍,关乎能否适用 1958 年《纽约公约》作出仲裁裁决的承认与执行,同时也影响仲裁地法院司法监督的实施。所以,仲裁地对国际商事仲裁的影响可以说贯穿于整个国际商事仲裁的始终。

1. 仲裁的法律适用

国际商事仲裁的法律适用与国际民商事诉讼存在诸多不同,其主要的区别在于前者法律适用范围比较宽泛,不仅包括仲裁实体问题(合同)的法律适用,而且包括仲裁程序、仲裁协议的法律适用。在国际商事仲裁中,当事人的意思自治原则起到主导作用,如果当事人协议选择了仲裁程序法、仲裁协议以及仲裁实体问题所适用的法律,仲裁庭一般适用当事人所选择的法律。但是在国际

---

① 参见徐伟功编著:《国际商事仲裁理论与实务》,华中科技大学出版社 2017 年版,第 148 页。

商事仲裁实践中，当事人往往对仲裁程序、仲裁协议所适用的法律没有作出选择，此时仲裁地可以作为重要的连结点，适用仲裁地的程序法或适用仲裁地的法律决定仲裁协议的效力。

如果当事人没有选择仲裁程序的法律，一般适用仲裁地的法律来支配仲裁程序。其实，在国际商事仲裁实务中，当事人一般不会专门选择仲裁程序所适用的法律，而且当事人如果选择了仲裁地以外的法律，会给当事人带来不必要的麻烦与冲突。适用仲裁地法是所在地理论的必然，适用仲裁地的仲裁法无论对于仲裁员，还是对于当事人来说都具有极大的便利，同时仲裁地也是与仲裁最密切联系的地方，并体现对仲裁地国家主权的尊重。适用仲裁地法律的做法被国际立法、国内立法以及国际商事仲裁实践普遍承认。在 1993 年印度诉麦克唐纳道格拉斯公司(Union of India v. McDonnell Douglas Corp.)①一案中，法院阐述道：如果当事人对仲裁程序支配的法律没有作出明示的选择，那么法院将考虑他们是否作出默示的选择。在这种情况下，当事人同意仲裁地点的事实，将强烈地暗示他们必须选择仲裁地的法律支配仲裁程序。这样做的原因实质上是一种常识。当事人通过选择仲裁地，创设了仲裁与该国的一个紧密的联系。有理由从他们的选择中得出，他们将某些重要的事项交由该国的相关法律处理，即这些法律将适用于在该国有关的仲裁行为。1958 年《纽约公约》第 5 条的规定就蕴含着适用仲裁地程序法的意思，其规定拒绝承认与执行仲裁裁决的理由之一就是“仲裁机关之组成或仲裁程序与各造间之协议不符，或无协议而与仲裁地所在国法律不符者。”由此可见，《纽约公约》规定在当事人没有选择仲裁程序法时适用仲裁地的法律。

① [1993] 2 Lloyd's Rep. 48, 50 (QB) (English High Ct.).

如果当事人没有选择仲裁协议的法律，一般也适用仲裁地的法律支配仲裁协议。尽管仲裁条款是主合同中的争议解决条款，当事人选择了合同适用的法律，并不意味当事人选择了仲裁条款所要适用的法律，因为仲裁条款独立于主合同存在。这就是仲裁条款独立性的问题。现代仲裁的发展表明，仲裁条款与合同的其他条款是可分离的，是脱离主合同而独立存在的。因为尽管其依附于主合同，作为主合同的一个条款，但由于其本身的独特性，作为解决合同争议的条款，可以与合同的其他条款相分离而独立存在。仲裁条款具有相对独立性，其有效性不受主合同有效性的影响。即使主合同无效、被撤销或终止、变更，甚至主合同不存在，也不影响仲裁条款的效力，仲裁庭仍然可以依据该仲裁协议取得管辖权，并在仲裁条款所确定的提交仲裁解决事项范围内，解决当事人之间的商事争议。这就是仲裁条款独立性理论，已经得到世界各国的广泛接受和采纳，成为现代仲裁的重要理论和实践。[①] 我国《仲裁法》第 19 条规定："仲裁协议独立存在，合同的变更、解除、终止或者无效，不影响仲裁协议的效力。仲裁庭有权确认合同的效力。"所以，各国立法或国际条约都专门规定了仲裁协议的法律适用问题。例如，我国《法律适用法》第 18 条规定，当事人没有选择仲裁协议适用法律的，适用仲裁机构所在地法律或者仲裁地法律。1958 年《纽约公约》第 5 条第 1 款（甲）规定："第二条所称协定之当事人依对其适用之法律有某种无行为能力情形者，或该项协定依当事人作为协定准据之法律系属无效，或未指明以何法律为准时，依裁决地所在国法律系属无效者。"上述规定表明了当事人没有选择仲裁协议法律的，适用仲裁裁决地（仲裁地）的法律。《示范

---

① 参见赵健：《国际商事仲裁的司法监督》，法律出版社 2000 年版，第 76 页。

法》第36条第1款(a)(i)项也作出类似的规定。

2. 仲裁裁决的国籍与仲裁司法监督

国际商事仲裁裁决的国籍是指国际商事仲裁裁决作为特定国家的裁决而隶属于该国的一种法律关系,标志着仲裁裁决的法律效力来源。[①] 对于实践中是否有必要区分仲裁裁决的国籍,学界也存在争论。持“非内国化仲裁”理论的学者认为,国际仲裁裁决没有国籍,也不受任何国家法律的约束,其在国际范围内四处飘荡,无论其飘到哪里均可被执行。[②] 但这种观点也受到了“本地化”理论学者的批判。其认为任何仲裁都发生在一个特定的领域内,并受某国法律的支配,这是该国司法主权的必然要求。[③] 且任何国家都需要受到某国仲裁法的监督与支持,在仲裁协议约定存在空白的情况下,需要适用仲裁地的法律予以弥补。因此,仲裁仍有必要置于特定的法律框架内,使其与某国法律之间存在紧密联系。此外,仲裁裁决的国籍与仲裁的撤销存在紧密联系,各国仲裁立法一般仅允许撤销本国仲裁裁决而无权撤销外国仲裁裁决,且在承认与执行仲裁裁决时对内外国裁决的审查会采取不同的标准,因此,有必要对仲裁裁决的国籍予以区分。

对于仲裁裁决国籍的区分,各国立法与实践中存在以下两种标准:第一种是地域标准,即以仲裁裁决作出地所在国为仲裁裁决的国籍,这也是国际上较通行的做法。如奥地利、瑞典、荷兰、利比亚、埃及等国均在立法中明确采用地域标准。[④]《纽约公约》第1条

① 参见刘晓红主编:《国际商事仲裁专题研究》,法律出版社2009年版,第400页。

② 参见赵秀文主编:《国际商事仲裁法》,中国人民大学出版社2004年版,第415页。

③ 参见徐伟功编著:《国际商事仲裁理论与实务》,华中科技大学出版社2017年版,第120~121页。

④ 参见祁壮:《论国际商事仲裁裁决的国籍属性》,载《江西社会科学》2018年第9期。

的规定也间接采纳了地域性标准，即允许申请承认与执行的裁决系在申请承认与执行国之外领土之内作出的裁决。第二种是程序性标准，即以仲裁程序适用的法律作为判断仲裁裁决国籍的标准，采取这种做法典型的国家为法国和德国。但这种做法极易造成仲裁国籍的冲突，使一个裁决陷入无国籍或者双重国籍的情况，因此德国也于 1998 年对其《民事诉讼法》进行了修改，放弃了"程序性标准"，采取仲裁地的标准，凡仲裁地在德国的适用德国仲裁法。①由此可见，仲裁地的确定对于仲裁裁决的国籍确定具有重要意义，各国在立法与实践中一般采"地域标准"，以仲裁裁决作出地作为判断仲裁裁决国籍的重要依据。

仲裁裁决的撤销指的是在一方当事人认为裁决存在严重问题的情况下，向有管辖权的法院提出申请，法院经审查后撤销该裁决的制度。撤销一项仲裁裁决的权力通常认为由仲裁地法院来行使，因为仲裁地法院被认为对仲裁程序具有监督权，从而保障仲裁程序以公平、公正的方式进行。② 在《纽约公约》关于拒绝承认与执行裁决的理由中，也同样肯定了仲裁地享有撤销仲裁裁决的权力。《纽约公约》第 5 条规定："仲裁裁决业经裁决地所在国或裁决所依据法律之国家之主管机关撤销或停止执行，被申请承认与执行国可以拒绝承认与执行。"换言之，裁决地国以及仲裁程序适用的法律所在国均享有对裁决撤销的权力。由于裁决对当事人是终局且具有约束力的，因此各国对裁决撤销的理由的规定范围是比较狭窄的，往往法院审查不涉及裁决的实体性内容，而仅涉及程序性事

① 参见李虎：《网上仲裁法律问题研究》，中国民主法制出版社 2005 年版，第 135 页。

② Margaret L. Moses, *The Principles and Practices of International Commercial Arbitration*, Cambridge University Press, 2008, p. 203.

项或是否损害了本国公共秩序的问题。《示范法》颁布后，各国关于撤销裁决的理由逐步向《示范法》靠拢。如果一项裁决被法院撤销，其后果可能导致该裁决在其他国家得不到承认与执行，使当事人为解决争议的努力付之东流。因此，在国际商事仲裁中仲裁地的选择十分重要，因为选择了仲裁地就意味着赋予了仲裁地法院对其进行监管的权力。为了保证裁决的顺利进行，当事人会倾向于选择在仲裁友好型法域进行仲裁，防止该法域对裁决进行过度的干预导致裁决因某些不可预见的原因而被撤销。

二、仲裁地缺失对我国的影响

我国《仲裁法》没有明确规定仲裁地的概念及其认定的方法，这一缺失带来了一系列的影响，主要体现在以下几个方面。

（一）仲裁裁决国籍的认定问题

国际商事仲裁主要采取裁决地（仲裁地）的标准决定仲裁裁决的国籍。但我国的做法与国际社会通行做法不一致。根据我国《民事诉讼法》的规定，我国采纳机构所在地的标准，以仲裁机构所在地作为认定裁决国籍的依据。这在国际商事仲裁实践中，会导致境外仲裁机构在我国作出的仲裁裁决，出现国籍认定的混乱情况，进而影响此类仲裁裁决的承认与执行。

对于境外仲裁机构在我国境内作出的国际商事仲裁裁决的国籍认定问题，有的法院采用机构所在地的标准认定裁决的国籍以及审查的法律依据。在“山西天利实业有限公司案”中，双方当事人约定，“在香港进行仲裁，并适用国际商会仲裁规则及英国法解决”。在发生争议后，伟贸公司将争议提交国际商会仲裁院仲裁，并在仲裁结束后申请太原市中级人民法院（以下简称太原中院）强制执行，太原中院以申请不符合最高人民法院《关于内地与香港特别行政区相互承认和执行仲裁裁决的安排》(以下简称《安排》)中关于材料提交的申请拒绝承认与执行该份裁决。山西省高级人民法院审查对此表示支持并依法上报最高人民法院。[①] 最高人民法院在其复函中认为:"本案系国际商会仲裁院作出的一份机构仲裁裁决,由于国际商会仲裁院系在法国设立的仲裁机构,而我国与法国是《纽约公约》的成员国,因此应当适用《纽约公约》进行审查,而不是适用《安排》的规定,因你院拒绝承认与执行的两点理由不符合《纽约公约》的规定,因此不采纳你院拒绝承认执行的理由。"[②]由此可见,最高人民法院在该案中以机构所在地为标准将其认定为法国裁决进而依据《纽约公约》对裁决进行了审查,而不是以仲裁地香港特别行政区认定裁决国籍进而适用《安排》的规定。

有的法院则将此类裁决认定为非内国裁决,并依据《纽约公约》进行审查。例如,在"德国旭普林公司案"中,当事人在仲裁协议中约定"适用国际商会仲裁规则在上海仲裁",江苏省无锡市中级人民法院认为该案系国际商会仲裁院在我国境内仲裁,属于非内国裁决的情形,符合《纽约公约》第 1 条第 2 款的规定,适用《纽约公约》进行审查。[③] 同样的情况也发生在"德高钢铁公司案"中,法院同样认定此类裁决并非我国内国裁决,应当适用《纽约公约》进行审理。[④] 但将此类裁决认定为非内国裁决也引发了学界的激烈讨论,有学者对此表示支持,认为依据我国现行法律,此类裁决

---

① 参见宋连斌、董海洲:《国际商会仲裁裁决国籍研究——从最高人民法院的一份复函谈起》,载《北京科技大学学报(社会科学版)》2009 年第 3 期。

② 参见最高人民法院《关于不予执行国际商会仲裁院 10334/AMW/BWD/TE 最终裁决一案的请示的复函》。

③ 德国旭普林国际有限责任公司申请承认和执行国外仲裁裁决案,江苏省无锡市中级人民法院(2004)锡民三仲字第 1 号裁定书。

④ DUFERCOS. A(德高钢铁公司)申请承认与执行 ICC 第 14006/MS/JB/JEM 号仲裁裁决案,[2008]甬仲监字第 4 号。

无法认定为外国裁决，因为我国以机构所在地标准区分裁决国籍，也无法认定为我国内国裁决，因为我国法律中内国裁决仅包含我国各地方仲裁机构以及我国涉外仲裁机构所作出的裁决，不包含外国仲裁机构在我国作出的裁决。因此，为了使其获得顺利与执行，应当将其认定为“非内国裁决”纳入《纽约公约》适用的范围，以体现我国支持仲裁的政策。[①] 而另一部分学者认为，将此类裁决认定为“非内国裁决”存在障碍，因为我国加入《纽约公约》时提出了互惠保留与商事保留，声明仅承认与执行在另一缔约国内作出的仲裁裁决，将其定义为“非内国裁决”并适用《纽约公约》的规定进行审查将与我国加入《纽约公约》所作的保留声明相违背。[②] 此外，将其认定为非内国裁决也不利于我国对此类案件进行审查和监督。

在2020年广东省高级人民法院发布的典型案例中，“布兰特伍德公司案”首次以仲裁地作为认定国籍的标准，代表着司法实践与仲裁的归位。广州正启贸易公司与美国布兰特伍德工业有限公司在广州签订合同与补充协议约定合同争议提交国际商会仲裁院在广州进行仲裁。发生争议后，布兰特伍德工业有限公司申请国际商事仲裁院在广州进行仲裁后，申请广州市中级人民法院（以下简称广州中院）依据《纽约公约》或《安排》进行承认与执行，广州中院审查认为，该案系外国仲裁机构在我国境内仲裁，系我国涉外仲裁裁决，当事人可以依据我国《民事诉讼法》第273条的规定向被申请人住所地或财产所在地的中级人民法院申请仲裁，而布兰特伍德工业有限公司依据《纽约公约》或《安排》申请承认与执行，

① 参见宋连斌、董海洲：《国际商会仲裁裁决国籍研究——从最高人民法院的一份复函谈起》，载《北京科技大学学报（社会科学版）》2009年第3期。

② 参见李庆明：《境外仲裁机构在中国内地仲裁的法律问题研究》，载《环球法律评论》2016年第3期。

法律依据适用错误，广州中院对此裁定表示不予支持。[①] 该案采纳了国际上通行的仲裁地标准，首次明确了境外仲裁机构在我国境内所作出的裁决为我国涉外仲裁裁决。

由此可知，由于我国在认定裁决国籍时采纳机构所在地标准，与国际上通行的地域标准存在差异，导致实践中存在将境外仲裁机构作出的裁决依据机构所在地标准认定为外国裁决、认定为《纽约公约》第2条所指的非内国裁决以及依据仲裁地标准认定为我国涉外仲裁裁决的情形，进而影响裁决的承认与执行。

（二）仲裁的司法监督问题

仲裁地的确立不仅影响着裁决国籍的确定，还影响着由哪一法院对裁决进行司法监督。一般而言，一国仅能撤销其本国裁决而不能撤销外国裁决，外国裁决仅涉及是否予以承认与执行的问题。从《纽约公约》与各国的立法和实践中看，仲裁地法院享有对裁决进行撤销的权力，因为通常认为裁决应当适用仲裁地的程序，仲裁地法院应当保障裁决以公平公正的方式进行。由于缺乏以地域标准确定裁决的国籍的规定，导致境外仲裁机构在我国作出的裁决性质认定不明确，进而产生我国法院是否有权撤销此部分裁决的问题。此外，我国立法中并未对如何监管此类裁决作出明确的规定。根据我国《仲裁法》第58条的规定，当事人申请撤销仲裁裁决的，应当向仲裁委员会所在地的中级人民法院提出申请。境外仲裁机构在我国设立的分支机构无法满足我国《仲裁法》对仲裁委员会的规定，且此类机构所在地在境外，我国法院无法对此类裁决行使撤销的权力，使我国法院对境外仲裁机构在我国境内作出

① 参见广东省高级人民法院发布20个服务保障粤港澳大湾区建设典型案例之十九：布兰特伍德公司申请承认和执行仲裁裁决案。

的裁决失去监管。

(三)在线仲裁的问题

网上仲裁是指当事人将争议提交第三方进行裁决,裁决的主要过程发生在网络上的一种纠纷解决方式,包括但不限于提出仲裁申请、仲裁庭审过程、裁决的作出以及送达等。由于网上仲裁的大部分程序发生在虚拟空间,其将无法与物理上的地点发生联系,但其仍需要与某一个地方的法律保持连接,并适用该地的法律对仲裁程序进行规制,以保证仲裁活动能够产生有效的裁决并被顺利地承认与执行,而这个地点就是网上仲裁的仲裁地,因此如何确定网上仲裁的仲裁地成了网上仲裁需要思考的问题。我国一些仲裁机构已有了网上仲裁的实践,并出台了相关规则对如何解决网上仲裁的仲裁地问题作出回应。比如,《中国国际经济贸易仲裁委员会网上仲裁规则》第 8 条规定:“当事人约定仲裁地的,从其约定。当事人未作约定的,以仲裁委员会所在地为仲裁地。”《中国广州仲裁委员会网络仲裁规则》第 7 条同样明确了网上仲裁中仲裁地的确定方式。但目前,我国立法中缺乏对仲裁地确定的相关规定,使无论是线上还是线下的仲裁中仲裁地的确定缺乏明确引导,从而在实践中导致不必要的麻烦,当事人选择仲裁地的自由意志无法得到立法较好的保护。

三、仲裁地的确立及其建议

(一)仲裁地概念确立的意义

为了解决仲裁地缺失对我国的影响,推进我国仲裁事业现代化与国际化,打造我国国际商事仲裁的国际中心,提高为“一带一路”建设的法律服务能力,我国《仲裁法》有必要确立仲裁地的概念及相关的规定。其意义主要体现在以下几个方面。

1. 有利于境外仲裁机构在我国开展仲裁业务

为了进一步提升我国仲裁的国际化水平，树立"友好型仲裁"的法域形象，中国（上海）自由贸易试验区逐步探索在其片区内引入国际知名仲裁机构。从2015年起，国际商会仲裁院、我国香港国际仲裁中心、新加坡国际仲裁中心、大韩商事仲裁院先后在上海设立办事机构并开展非营利性工作。[①] 2019年7月，国务院发布《中国（上海）自由贸易试验区临港新片区总体方案》允许境外仲裁机构在向上海司法行政部门备案登记后开展实质性的仲裁业务。同年11月，上海市司法局进一步就境外仲裁机构在上海片区允许开展的事务范围进行了细化规定，即允许境外仲裁机构就国际商事、海事、投资等领域发生的民商事争议开展涉外仲裁业务，包括对案件进行受理、庭审、听证、裁决，对案件管理和服务以及专业咨询、指引、培训、研讨。由此可见，当事人在上海选择国际知名仲裁机构进行仲裁已成为现实，在涉外合同中，如我国与外国当事人选择到国际商会仲裁院解决纠纷，可以选择以上海作为仲裁地，由位于上海的国际商会仲裁院分支机构对此案件进行审理，这无疑将降低我国当事人纠纷解决的成本。但从国际商会仲裁院此前在我国境内仲裁的实践来看，此类裁决仍然面临许多法律问题，例如，如何认定此类裁决的国籍与性质、我国法院如何对这类案件进行司法监督与司法支持、这类案件如何在我国得到承认与执行以及我国法院是否有权撤销此类裁决等。

在解决这些问题时，仲裁地的确认十分重要，因为在国际商事仲裁中，仲裁地这一法律概念承载着包含仲裁协议、仲裁程序的法

① 参见刘晓红、冯硕：《制度型开放背景下境外仲裁机构内地仲裁的改革因应》，载《法学评论》2020年第3期。

律适用、仲裁裁决的国籍确定等法律意义，并赋予了仲裁地法院对裁决享有的撤销的权力。因此，在解决上述问题时，我们应当逐渐意识到仲裁地的作用。在解决裁决的国籍问题时，采纳国际通行的地域标准，将境外仲裁机构在我国作出的裁决认定为我国涉外仲裁裁决，防止此类裁决在我国被认定为外国裁决，而在外国认为不是其本国裁决的情形出现，从而引发国际商事仲裁裁决国籍的消极冲突。此外，将其认定为我国涉外仲裁裁决，进而依据我国《仲裁法》第 70 条的规定及《民事诉讼法》第 274 条的规定对其进行监管，赋予我国法院对此类裁决的撤销权，更有利于我国对此类裁决进行有效的监督，以维护当事人的合法权益。

2. 有利于解决我国在仲裁裁决国籍认定上的实践混乱

近年来，无论是学术界还是司法实践部门，都极力主张我国《仲裁法》确立仲裁地的概念，以解决仲裁实践中仲裁国籍认定方面的混乱。高晓力法官在《司法应依仲裁地而非仲裁机构所在地确定仲裁裁决籍属》一文中，主张实践中应以仲裁地为标准认定裁决的国籍，在解决实践困境的同时，也为将来《仲裁法》修订奠定实践基础。① 祁壮在《构建国际商事仲裁中心——以〈仲裁法〉的修改为视角》一文中，主张《仲裁法》修改应确立仲裁地的法律概念，并以仲裁地作为认定裁决国籍的标准，使我国对裁决的司法审查有明确依据，也有助于统一实践中混乱的现象。②

在“山西天利公司案”后，最高人民法院 2009 年发布的《关于香港仲裁裁决在内地执行的有关问题的通知》（以下简称《通知》）

① 参见高晓力：《司法应依仲裁地而非仲裁机构所在地确定仲裁裁决籍属》，载《人民司法（案例）》2017 年第 20 期。

② 参见祁壮：《构建国际商事仲裁中心——以〈仲裁法〉的修改为视角》，载《理论视野》2018 年第 7 期。

首次明确以仲裁地确认裁决的国籍，其规定在香港特别行政区内的临时仲裁裁决、国际商会仲裁院等外国仲裁机构在香港作出的裁决，人民法院应当按照《安排》的规定进行审查。这是首个以仲裁地为标准确定裁决国籍的文件，也为此类裁决在我国内地承认与执行统一了审查的标准。在司法实践中，法官也逐步认识到了仲裁地的重要性，并有意识地以仲裁地法律作为审查仲裁协议的准据法以及判断裁决的国籍。比如，在“华夏公司案”中，广州海事法院以当事人约定的仲裁地香港特别行政区的法律对仲裁协议的效力进行审查，认定仲裁协议有效，并对裁决予以认可。① 在“美国意艾德建筑师事务所申请执行香港仲裁裁决案”中，对于中国贸易仲裁委员会在中国香港特别行政区作出的裁决，南京市中级人民法院以仲裁地为标准，认定其为中国香港特别行政区仲裁裁决，并认为该案符合《安排》的要求，对其予以承认与执行。南京市中级人民法院以仲裁地为标准认定了裁决的国籍，符合《通知》的精神，也与国际上通行的做法保持了一致。②

3. 有利于我国打造国际商事仲裁中心

目前，各国纷纷在竞争国际商事纠纷解决的高地，打造国际商事纠纷解决中心。国际商事纠纷通常可以通过诉讼、仲裁与调解的方式解决，而由于仲裁具有一裁终局性、效率高以及便于跨国承认与执行等特点和优势，仲裁成为当事人解决跨国商事争议的首选，因此，不断完善我国的仲裁法律体系，打造国际商事仲裁中心

① 参见华夏公司申请认可和执行香港仲裁裁决案——确认香港仲裁裁决效力，广东法院第二批粤港澳大湾区跨境民事纠纷典型案例之十六。

② 江苏省南京市中级人民法院意艾德建筑师事务所（Ennead Architects International LLP）与富力南京地产开发有限公司申请认可和执行香港特别行政区仲裁裁决特别程序民事裁定书，（2016）苏01认港1号。

是助力我国国际商事纠纷解决中心建设、提升我国司法公信力与国际竞争力的关键一环。国际商事仲裁的全球竞争不仅是当事人选择仲裁地的竞争，也是各国仲裁法制、各国法律制度的竞争，一个被更多商事主体选择的仲裁地，将会在国际商事仲裁的竞争中占据更大的份额。[①] 在国际商事仲裁中，由于选择了仲裁地就意味着选择了仲裁程序适用的法律以及赋予了该地法院对裁决进行监管与支持的权力，因此当事人倾向于选择"仲裁友好型"法域作为仲裁地以保证纠纷解决的顺利进行，一部支持仲裁的"仲裁地法"是打造受欢迎仲裁地所必备的"软件"。《纽约公约》建立了以"仲裁地"与"仲裁地法"为核心的制度供给，从其第 1 条适用范围到第 5 条不予承认与执行的理由中无不存在仲裁地以及仲裁地法的身影，而我国《仲裁法》中缺乏"仲裁地"这一法律概念，将使我国法律与《纽约公约》之间的衔接存在障碍，进而影响我国仲裁的国际化与现代化水平。此外，无论是在《示范法》还是各国立法及知名仲裁机构的规则中，都可以看到仲裁地这一法律概念的身影，以及其在裁决国籍的确定、裁决的撤销等方面的重要作用。因此，引入仲裁地这一法律概念并与国际上通行的做法保持一致，有助于将我国打造为具有吸引力的仲裁地，并助力我国国际商事仲裁中心的构建。

(二)我国《仲裁法》修改的立法建议

1995 年《仲裁法》的实施大大推动了我国仲裁事业的发展。随着我国"一带一路"倡议的推进、人类命运共同体的构建，《仲裁法》已经落后于时代发展的要求，不能适应国际商事仲裁制度的发展

---

① 参见艾伦·雷德芬等:《国际商事仲裁法律与实践》(第 4 版)，林一飞、宋连斌译，北京大学出版社 2005 年版，第 92 页。

趋势。甚至有学者认为，《仲裁法》更像是一部规范国内仲裁制度的法律，对于涉外仲裁制度关注较少。[①] 我国现行涉外法律制度在形式上和内容上的不足将影响以我国作为仲裁地的涉外仲裁事业的发展。[②] 因此，学界也在不断呼吁通过修改《仲裁法》以解决实践中面临的困境。

首先，明确仲裁地的认定方法。我国《仲裁法》的修改应该引进仲裁地的法律概念，增加关于仲裁地的条款，允许当事人在仲裁协议中约定仲裁地。在当事人没有约定的情况下，如果是机构仲裁，可以根据当事人选择的仲裁机构的仲裁规则加以认定，或者由仲裁机构加以认定。如果是临时仲裁，如果当事人约定或选择了临时仲裁的仲裁规则，由仲裁规则加以认定；如果当事人没有选择仲裁规则，或者约定的仲裁规则没有规定的，由仲裁庭根据案件的具体情况进行认定。仲裁机构或仲裁庭在认定仲裁地时，可以考虑仲裁案件的具体情况以及其与特定法域联系的程度等因素。

其次，明确"仲裁地"与"庭审地"的区别。仲裁地更多的是法律意义上的概念，其涉及仲裁法律适用、仲裁裁决国籍以及仲裁司法监督等问题，而仲裁庭审地更多的是事实概念，其主要涉及仲裁庭审便利当事人、证人以及庭审地的设施等方面。在国际商事仲裁实践中，当事人约定的仲裁地，通常也是开庭的地方。此时，仲裁地与庭审地具有重合性。当然当事人约定某地为仲裁地，考虑到当事人及证人的会见、证据的调取等多方面的因素，也可以约定将仲裁以外任何的地方作为庭审地（开庭地）。此时，仲裁地与庭

① 参见吕炳斌：《"仲裁机构所在地"、"仲裁地"和"开庭地点"的界定和区分》，载《北京仲裁》2009 年第 2 期。

② 参见张圣翠：《我国涉外仲裁法律制度之完善》，载《法学》2013 年第 5 期。

审地是分离的。在各国的仲裁立法与著名仲裁机构的仲裁规则中，都对仲裁地与庭审地作出明确的区分，即除当事人另有约定外，仲裁庭可以在综合考虑各方当事人的便利、证据的取得、检查货物、财产以及文件的便利等因素后决定在任何地点进行庭审。①

再次，确立仲裁地（裁决作出地）作为仲裁裁决国籍的认定标准。目前，针对境外仲裁机构在我国境内作出的裁决，不同法院依据不同的标准将其认定为外国裁决、非内国裁决以及我国的涉外仲裁裁决，从而导致了审查标准的不一致。造成这种现象的根本原因在于我国仲裁裁决国籍制度采纳的“机构所在地”标准与国际上通行的“仲裁地”标准存在出入，从而影响了实践中法官对裁决国籍的判断。最高人民法院发布的《通知》中首次以仲裁地作为认定裁决的国籍，规定对于境外仲裁机构在我国香港特别行政区作出的裁决应视为香港特别行政区裁决，依据《安排》予以承认与执行。在“布兰特伍德案”中，法官首次采纳“仲裁地”标准，将国际商会仲裁院作出的裁决认定为我国涉外仲裁裁决，并要求当事人依据《民事诉讼法》第273条申请承认与执行。可见，我国的司法解释以及司法实践已经迈出了一步，建议我国《仲裁法》修改中采纳以仲裁地的标准判断仲裁裁决的国籍。②

最后，明确仲裁地法院行使仲裁裁决的撤销权。各国仲裁立法与实践通常认为一国仅能就其本国裁决行使撤销的权力，而无权撤销外国裁决，因此裁决的国籍往往决定了哪一国法院对此项

① 例如，《示范法》第20条、2016年《新加坡国际仲裁中心仲裁规则》第21条、2021年《国际商会仲裁院仲裁规则》第18条以及2018年《香港国际仲裁中心机构仲裁规则》第14条等。

② 参见李剑桥：《国际商事仲裁裁决的国籍问题》，载《中山大学法律评论》2018年第1期；参见宋连斌、王珺：《国际商会在中国内地仲裁：准入、裁决国籍及执行——由宁波中院的一份裁定谈起》，载《西北大学学报（哲学社会科学版）》2011年第3期。

裁决享有撤销的权力。如前所述，仲裁裁决的国籍以仲裁地为标准，对于仲裁地在我国境内的仲裁裁决，我国法院均可以进行司法监督，行使撤销权。如此，一方面解决了外国仲裁机构在我国境内作出的裁决的司法监督问题，另一方面也解决了外国仲裁机构在我国境内设立分支机构的问题。所以，我国《仲裁法》的修改可以采纳由仲裁地的中级人民法院行使撤销权的建议。

综上，《仲裁法》修改的建议案文如下：

第××条　【仲裁地】

当事人可以在仲裁协议中约定仲裁地。当事人没有约定的，在机构仲裁中，根据当事人选定的仲裁规则进行认定，如果该仲裁规则没有规定的，由仲裁机构或仲裁机构授权仲裁庭认定。在临时仲裁中，根据当事人约定的或选定的仲裁规定进行认定，如果该仲裁规则没有规定的或当事人没有约定/选定仲裁规则的，由仲裁庭进行认定。

除非当事人另有约定的，仲裁庭可以在任何其认为适当的地点进行庭审，庭审地点的确定以便利原则为主，并考虑庭审地的开庭条件。

第××条　【仲裁裁决的国籍】

仲裁裁决的国籍以仲裁地为认定标准。在中华人民共和国领域内作出的裁决为中国裁决，在中华人民共和国领域外作出的裁决为外国裁决。

第××条　【仲裁裁决的撤销】

当事人提出证据证明在中华人民共和国领域内作出的仲裁裁决有下列情形之一的，可以向仲裁地所在的中级人民法院申请撤销该项裁决。

Abstract Chinese 1995 Arbitration Law has not clearly stipulated the concept of the place of arbitration, which leads to the confusion in the identification of the nationality of arbitration award, the lack of judicial supervision over the arbitration award made by foreign arbitration institutions in China, and the hindrance of the development of online arbitration. The absence of the place of arbitration not only affects the application of the law of arbitration, but also affects the judicial supervision and recognition and enforcement of arbitration. The acceptance of the concept of the place of arbitration in Chinese Arbitration Law is conducive to the foreign arbitration institutions to carry out arbitration business in China, solve the confusion in the practice of nationality identification of arbitration awards in China and build an international commercial arbitration center in China. The future revision of the Arbitration Law of our country should clarify the identification method of the place of arbitration, the difference between "place of arbitration" and "place of hearing", establish the place of arbitration as the criterion for determining the nationality of the award, clarify that the court at the place of arbitration exercises the right to set aside the arbitration award. Only in this way can we provide a high-quality legal system for the construction of "One Belt And One Road" in our country.

Keywords the place of arbitration the application of law of arbitration the nationality of the arbitration award the place of arbitration institution

国内商事仲裁内部“纠错”机制的完善

——以《中华人民共和国仲裁法》修改为背景

王永强*

摘　要　增强国内商事仲裁的公信力，是我国仲裁事业紧迫而长远的任务。增强商事仲裁的公信力，在很大程度上仰赖于裁决的公正与高效，即裁决的高质量。提高裁决的质量，仲裁的内部纠错机制就至关重要，既包括裁决前的质量把控，也包括裁决后的有错必纠。当前国内商事仲裁内部纠错机制的裁决前质量把控，主要依靠文书的核阅，裁决后的内部纠错机制，仅仅是文书的补正。现有的“纠错机制”虽然成效明显，但是依然存在诸多不足。要弥补这些不足，需要正确处理仲裁庭审裁与仲裁机构的干预、当事人意思自治与仲裁程序的严谨性和保密性、仲裁的公正与效率、仲裁公信力与社会诚信治理的关系。为进一步提高仲裁的质量，建议在未来的《仲裁法》修改中，确立裁决书初稿征求意见、规范裁决书核阅、构建仲裁自发再审等内部“纠错”机制。

* 中南财经政法大学副教授，武汉仲裁委员会、中国国际经济贸易仲裁委员会、广州仲裁委员会等仲裁机构仲裁员。

关键词 国内商事仲裁 内部纠错机制 裁决书初稿征求意见制度 裁决书核阅制度 仲裁自发再审制度

一、追问:国内商事仲裁为何需要"纠错"

(一)线索:可能存在的"错"之果

想要准确地指出商事仲裁裁决中的错误,难度不亚于准确地辨别大海的污染程度。这是由商事仲裁的保密性以及"错误"的判别标准难以界定决定的。一方面,由于商事仲裁的保密性,无法从公开渠道查询获得,研究标本有限;另一方面,何为商事仲裁中的"错",站在不同角度,采用不同判断标准,得出的结果都将不同。[①]

但是,就像即使我们很难明确海水的污染物成分和污染程度,我们也都知道海水有没有被污染,以及污染的大致程度,通过种种线索和推断,毋庸讳言,我国国内商事仲裁裁决中,错误其实是存在的。线索一:全国仲裁机构2018年和2019年受理案件数量分别为54万余件和48万余件,较2017年的23万余件增长率在100%以上,案件标的额近7000亿元,比2017年增长30%,案件数量和标的额短时间内暴增。[②] 线索二:2019年,全国法院审结撤裁类案件11,029件,其中637件被撤销或部分撤销,撤裁率为5.8%。[③]

---

① 生活中,人们总是希望能够"对错分明"。但是在司法实践中,"对与错"的判别界限是模糊的,需要看不同的角度和标准。但是,总体而言,违背事实、违背诚信、违背公正、违背法律和行政法规强制性规定的裁决是"错误"的,应无争议。而追求案件的正确或者"对",其实就是去追求尽可能地接近事实、惩治失信、遵循公正、不违反法律和行政法规强制性规定。本文亦是从广义"错"的角度进行探讨。

② 数据源于最高人民法院发布的《最高人民法院商事仲裁司法审查年度报告(2019年)》。另据《中国商事仲裁年度观察(2019)》记载,2017年全国商事仲裁委员会共处理案件239,360件,2018年为54万件,增长率为127%。参见王雪华、刘净、邢媛:《中国商事仲裁年度观察(2019)》,载林志炜主编:《中国商事争议解决年度观察(2019)》,中国法制出版社2019年版。

③ 数据来源同上。值得注意的是,此处的数据仅仅针对撤裁案件,而不包括裁定不予执行的案件。

线索三：依据司法部、中国政府法制信息网报道，“全国仲裁机构办理案件的质量不断提高，案件快速结案率、纠纷自愿和解调解率达到60%以上，仲裁裁决的自动履行率也达到50%以上，作出的裁决被人民法院撤销和不予执行的比例始终没有超过1%。”[①]虽然司法部采用了“不超过1%”的模糊表述，但应该是接近1%的。[②] 按照2018年的54万件案件计算，被人民法院撤销和不予执行的可能接近5000件；按照2019年的48万件计算，被人民法院撤销和不予执行的可能接近4000件。[③] 线索四：虽然我国商事仲裁公信力在不断提高，且商事仲裁公信力难以具体量化，但是直观的感受是，商事仲裁的公信力亟待提高，说明商事仲裁公信力本身还处于一个较低的段位。导致商事仲裁公信力和认知度总体不高的原因当然是多方面的，但是我国国内仲裁质量总体不够高无疑也是其重要原因之一。

（二）分析：可能存在的“错”之树

有其果，必有其树。国内商事仲裁存在的可能之“错”，既有制度层面的原因，也有人员方面的问题；既有客观约束条件，也有主观不良因素。

制度层面。其一，一裁终局中隐藏的“效率陷阱”。一裁终局，毫无疑问是商事仲裁最大的制度优势之一。相较正式司法制度中的两审终审、抗诉、再审等，一裁终局的效率成为商业领域追求的“稀缺资源”。然而，一裁终局的效率，在某种程度上是以牺牲公正作为代价的。反过来讲，正式司法制度中的两审终审、抗诉、再审

① 《我国积极运用仲裁方式解决民商事纠纷》，载中华人民共和国司法部、中国政府法制信息网：http://www.moj.gov.cn/organization/content/2019-03/27/573_231590.html。

② 如果远低于1%，作为主管单位的司法部应该会给出具体数字。

③ 因为有部分案件是调解解决，所以不应该计入被撤裁或者不予执行的范畴。

等制度安排,虽然牺牲了部分效率,却具有更多的"纠错"机会和途径,能够得到更多的公平与公正。司法首要追求公正,仲裁更具效率。在商事纠纷处理中,当事人尽可以自由选择。但是正如司法也要力求"效率",尽量避免"迟到的正义是非正义"的窘境,商事仲裁也必须尽可能降低错误,尽可能去接近公正。其二,仲裁保密性伴随的"暗箱风险"。"仲裁庭审理案件以不公开审理为原则,以公开审理为例外,封闭进行的仲裁虽然有利于保护当事人的商业秘密,维护当事人商业声誉,但也容易引起对仲裁公正性的质疑。"① 质疑固然难免,然而最令人担心的,其实是虽然个别发生但是确实存在的"暗箱操作"。其三,商事仲裁司法审查中的"公正隐忧"。商事仲裁的发展离不开司法机关的大力支持。为了体现这种支持,我国法院对商事仲裁案件的司法审查,确定了非常严格的条件。《仲裁法》第58条规定的当事人可以向仲裁委员会申请撤销裁决的仅为以下情形:(1)没有仲裁协议的;(2)裁决的事项不属于仲裁协议的范围或者仲裁委员会无权仲裁的;(3)仲裁庭的组成或者仲裁的程序违反法定程序的;(4)裁决所根据的证据是伪造的;(5)对方当事人隐瞒了足以影响公正裁决的证据的;(6)仲裁员在仲裁该案时有索贿受贿,徇私舞弊,枉法裁决行为的。从以上规定可以看出,商事仲裁的司法审查主要集中于程序方面,虽然实体方面有所涉及,但是也局限于证据的"伪造"与"隐瞒",对于案件中的具体实体权利与义务,人民法院"无权过问"。人民法院关于商事仲裁裁决不予执行的审查条件,基本一致。其四,仲裁机构自我否定机制的缺失带来的"有错不纠"。民事诉讼中的"再审"制度,其

① 沈伟、陈治东:《商事仲裁法国际视野和中国实践》(下卷),上海交通大学出版社2020年版,第623页。

实具有一定的“有错必纠”的自我否定的意义。最典型的为《民事诉讼法》第198条之规定，“各级人民法院院长对本院已经发生法律效力的判决、裁定、调解书，发现确有错误，认为需要再审的，应当提交审判委员会讨论决定。最高人民法院对地方各级人民法院已经发生法律效力的判决、裁定、调解书，上级人民法院对下级人民法院已经发生法律效力的判决、裁定、调解书，发现确有错误的，有权提审或者指令下级人民法院再审”。根据该条规定，各级人民法院院长对于“本院已经发生法律效力的判决、裁定、调解书，发现确有错误”的，最高人民法院对于“地方各级人民法院已经发生法律效力的判决、裁定、调解书，上级人民法院对下级人民法院已经发生法律效力的判决、裁定、调解书，发现确有错误的”，均可以通过再审程序予以“纠错”。但是对于商事仲裁而言，则没有设置该种纠错机制，故而甚至出现当事人因为虚假诉讼而被判刑的情况下，商事仲裁裁决书依然有效的“怪相”。[①]

人员方面。其一，仲裁员聘任中的“异化现象”。仲裁制度的本源，是由具有高尚品质的专业人士，居中对商事争议进行裁断，一裁终局，各方自愿遵守。鉴于商事仲裁中的高度“意思自治”，其中其实蕴含了“愿赌服输”的假设。但是这是有前提条件的，即参与裁断的仲裁员必须具有“高尚品质”且“专业”。国内多数仲裁机构在选聘仲裁员的过程中，难以考核其个人品质，专业方面也是纸面审核，更有甚者，部分欠发展的仲裁机构，选聘仲裁员的主要考量因素是：是否能够带来案源。因此，国内商事仲裁员的“品质”与

---

① 近年来虚假仲裁在我国呈现日益增多的态势，仲裁当事人利用仲裁作为工具损害案外人合法权益的情况时有发生。参见李贤森：《现行法律框架内对虚假仲裁案外人权益保护的路径探讨》，载《北京仲裁》2016年第1期。

"专业",实为鱼龙混杂,因而必然带来商事仲裁案件质量的良莠不齐。[①] 其二,仲裁庭组成中的"专业偏失"。各仲裁机构虽然大多设置了"专业仲裁员名录",但是并没有限制当事人的选择范围,即通常当事人可以在"全名单"中进行选择。那么,基于"关系信任"而非"专业信任",当事人在选择边裁的时候,大多数考虑的是与当事人或者代理律师"是否熟悉","能否说得上话","能否为自己据理力争或者提供信息"等,而专业能力和个人品质,往往被排在了后面的序位。甚至出现某个别仲裁员特别受到"青睐",经常被选定,原因在于该仲裁员被选定后,敢于"赤膊上阵",为选定自己的一方"积极代言"。由于案件数量的爆棚,很多仲裁机构的优秀仲裁员有限,在仲裁委主任指定首席仲裁员的时候,也有"捉襟见肘"之感,专业能力成为退而求其次的选择。其三,仲裁员审理案件中的"角色冲突"。[②] 商事仲裁员多为兼职,尤其是律师仲裁员的数量众多。虽然绝大多数律师仲裁员都严格要求自己,但是也是存在"交叉选任""角色分工"等问题。中国国际经济贸易仲裁委员会曾经专门就该问题向所有仲裁员发送《廉洁办案告知书》,因为其通过大数据筛查,发现可能存在律师、仲裁员之间的"交叉选任"的问题,防患于未然。但是其他仲裁机构在这一块还鲜有作为。

二、反思:当前国内商事仲裁何以"纠错"

(一)裁决前:裁决书核阅

裁决书核阅制度作为国际国内商事仲裁提高仲裁质量的"法

---

① 类似的观点如:"仲裁员的专业和职业素质是保证仲裁结果公正的关键,但仲裁员作出的裁决受到主观经验和专业知识的限制,具有局限性。"参见沈伟、陈治东:《商事仲裁法国际视野和中国实践》(下卷),上海交通大学出版社 2020 年版,第 623 页。

② 林一飞:《仲裁员的身份冲突》,载林一飞:《商事仲裁实务精要》,北京大学出版社 2016 年版,第 137～147 页。

宝”而存在,对于减少裁决书的错误意义重大。“考察国际商会仲裁院与新加坡国际仲裁中心的仲裁规则与仲裁实践,可以看出仲裁裁决核阅制度在保障仲裁裁决质量方面发挥了关键性作用。”①

国际商会仲裁院最先确立了裁决书核阅制度,后逐步推广,为各国商事仲裁组织所采纳,并在其仲裁规则中予以明确。我国也不例外。中国国际经济贸易仲裁委员会最早于1995年引入了该制度,并在《中国国际经济贸易仲裁委员会仲裁规则(2015版)》第51条规定:“裁决书草案的核阅:仲裁庭应在签署裁决书之前将裁决书草案提交仲裁委员会核阅。在不影响仲裁庭独立裁决的情况下,仲裁委员会可以就裁决书的有关问题提请仲裁庭注意。”《武汉仲裁委员会(武汉国际仲裁中心)仲裁规则》第63条第3款规定:“仲裁庭应当在签署裁决书前,将裁决书草案提交本会核阅。在不影响仲裁庭独立裁决的前提下,本会可以对裁决书的形式进行修改,也可以提请仲裁庭注意实体问题。”其他各仲裁机构也均有类似规定,在实践中亦采取了核阅的方式对仲裁质量予以监督和把关,以消减裁决书中的错误。

(二)裁决后:裁决书更正与补充

裁决书的更正与补充,均是当前仲裁机构内部针对裁决书错误采取的有效“纠错”措施。

对于裁决书的更正。《仲裁法》第56条规定:“对裁决书中的文字、计算错误或者仲裁庭已经裁决但在裁决书中遗漏的事项,仲裁庭应当补正;当事人自收到裁决书之日起三十日内,可以请求仲裁庭补正。”诸多仲裁机构的仲裁规则中,也均有类似规定。比如,

① 刘春梅:《仲裁裁决核阅制度的正当性、规范化与界限》,载武汉仲裁委员会(武汉国际仲裁中心)、湖北省法学会仲裁法研究会主办:《武汉仲裁》(第2辑),法律出版社2019年版。

《中国国际经济贸易仲裁委员会仲裁规则(2015版)》第53条规定了裁决书更正的情形:“(一)仲裁庭可以在发出裁决书后的合理时间内自行以书面形式对裁决书中的书写、打印、计算上的错误或其他类似性质的错误作出更正。(二)任何一方当事人均可以在收到裁决书后30天内就裁决书中的书写、打印、计算上的错误或其他类似性质的错误,书面申请仲裁庭作出更正;如确有错误,仲裁庭应在收到书面申请后30天内作出书面更正。”《武汉仲裁委员会(武汉国际仲裁中心)仲裁规则》第64条规定了裁决书的补正,即“对裁决书中的文字、计算错误或者其他错误,当事人可以在收到裁决书之日起三十日内书面申请仲裁庭作出更正;确有错误的,仲裁庭应当在收到书面申请之日起三十日内作出书面更正。仲裁庭也可以在作出裁决书后的合理时间内自行以书面形式作出更正。该书面更正构成裁决书的组成部分”。

对于裁决书的补充。裁决书的补充,是指当裁决书存在遗漏,或者存在“漏裁”的时候,由仲裁庭就“漏裁”事项进行补充裁决。“漏裁”显然属于裁决书的“错误”。《仲裁法》对此的规定,放在第51条的“补正”范畴。但是各仲裁机构的仲裁规则,大多对此进行了规定,如《中国国际经济贸易仲裁委员会仲裁规则(2015版)》第54条“补充裁决”规定:“(一)如果裁决书中有遗漏事项,仲裁庭可以在发出裁决书后的合理时间内自行作出补充裁决。(二)任何一方当事人可以在收到裁决书后30天内以书面形式请求仲裁庭就裁决书中遗漏的事项作出补充裁决;如确有漏裁事项,仲裁庭应在收到上述书面申请后30天内作出补充裁决。(三)该补充裁决构成裁决书的一部分。”《武汉仲裁委员会(武汉国际仲裁中心)仲裁规则》第65条规定:“裁决书的补充:裁决有漏裁事项的,任何一方当事人可以在收到裁决书之日起三十日内以书面形式请求仲裁庭就裁决中漏裁的事项作出补充裁决；确有漏裁事项的，仲裁庭应当在收到上述书面申请之日起三十日内作出补充裁决。仲裁庭也可以在发出裁决书后的合理时间内自行作出补充裁决。该补充裁决构成裁决书的组成部分。”

（三）核阅与补正之不足

毫无疑问，裁决书的核阅与补正，分别在裁决前与裁决后，其在仲裁机构内部“纠错”方面，扮演了极其重要的角色，得到了普遍的认可与推广。但是，单纯依靠这两个方面，显然还是远远不够。

核阅制度，类似于产品出厂前的“质检”。但是，裁决书的“质检”显然与“产品”质检完全不同，因为一般的产品均有明确标准和检验设备、技术和工艺，而仲裁案件并没有统一和绝对化的标准，仲裁案件的处理在很大程度上依赖于仲裁庭组成人员的个人经验和专业。核阅制度的不足之处在于：第一，核阅人员不具有庭审的“亲历性”，难以对案件进行全面把握；第二，从普遍情况来看，当前核阅人员配置严重不足，在专业和经验上真正合格的核阅人员，在各仲裁机构中也为数不多，在巨大的案件数量压力下，在商事仲裁效率的要求下，核阅人员难以很好地履职；第三，从实践的情况来看，不排除核阅人员“夹带私货”，借核阅的机会办“人情案”“关系案”，影响仲裁庭独立裁决；第四，由于我国仲裁发展与行政的紧密关系，在个别情况下，核阅也成为行政干预的工具。核阅制度总体上是成功的，对于减少裁决错误意义重大，但是鉴于存在以上不足，核阅制度如果不加以规范，也可能带来“错误”。

裁决书的补正，重点针对的是裁决后存在的计算错误、表述错误以及因为考虑不周全发生的“漏裁”。这些错误，或很明显（计算错误、表述错误),或很严重(“漏裁”),均应及时纠正。但是,在当前司法审查的范围进行严格限定,以及未来司法审查的范围和条件可能更加严格的背景下,裁决后的错误,仅仅依靠补正制度,显然强人所难。其一,补正的范围仅仅限定于计算错误、表述错误和“漏裁”,不包括虚假仲裁、明显违反法律行政法规强制性规定等更为严重的“错误”。其二,补正的时间限制。《仲裁法》规定的补正时间是“三十日内”,各仲裁机构的仲裁规则对于当事人申请补正的时间,一般也限于收到裁决书之后“三十日内”,对于仲裁庭自发补正的,则一般规定“合理时间”内。何为“合理时间”,需要具体问题具体分析,理论上来讲,可以超出“三十日”,但是时间过长,显然不属于“合理”范畴。

三、澄清:纠错机制完善中需要处理好的重要关系

(一)仲裁庭审裁与仲裁机构的干预

商事仲裁的核心要义是仲裁庭审案,即使机构仲裁,亦概莫能外。仲裁机构与仲裁庭之间的一条不可触动的分界规则是,仲裁庭裁决是仲裁庭的保留权限,仲裁机构不得干预仲裁庭中立和公平地裁决。[①] 但是仲裁庭审案,并不代表仲裁机构完全不能干预。于机构仲裁而言,聘任仲裁员、受理案件、组织仲裁庭、提供案件审理过程中的程序性服务、核阅文书、签发文书等,无不体现一定的干预。因此,干预不干预是个伪命题,需要研究的只是仲裁机构干预的边界在哪?

仲裁机构的干预,其目的一定是服务于仲裁案件质量和效率的提高。首先,这种干预一定是服务性的,而非管理性的,尤其不能是强制性的。其次,这种干预一定是程序性的,而非实体性的。

① 参见黄晖:《世界知识产权组织(WIPO)仲裁研究》,四川大学出版社2013年版,第123页。

仲裁庭办案，实体权利义务的决定权，必须由仲裁庭掌握。最后，这种干预一定是谦抑性的，仲裁机构一定不能管得太宽，手不能伸得太长。因此，能够交给仲裁庭和当事人自己解决的问题，仲裁机构不能干预。比如，如何发现和减少裁决书的错误，核阅制度固然有效，但是如果采用征求意见稿的方式，在定稿之前，将裁决书初稿交由双方充分论证，在当事人严苛的审视下，去帮助仲裁庭发现问题，帮助仲裁庭找到最佳的裁决方案，何乐而不为？仲裁机构的核阅，针对实体问题，一定只能是建议，而不能是强制，否则仲裁庭的独立性将失去，就成了仲裁机构审案，仲裁制度难以健康发展。

当然，仲裁机构在裁决后的“有错必纠”方面，是应该和可以有所作为的。仲裁庭只是临时组织，案件裁决后即自动解散。但是有些案件的错误，是需要时间检验的，如有些虚假仲裁极其隐蔽，仲裁庭在审裁过程中，无法发现或者即使发现了但苦于没有证据，只能按照表面证据进行裁决。当某一天虚假仲裁终于暴露的时候，这样的错案当然应该纠正。但是从现在来看，司法审查解决不了这样的问题，一般来讲，不属于司法审查中可以撤裁的法定情形，即使适用“伪造证据”进行撤裁，前提也得有一方当事人申请，法院不得主动审查。因此，对于明显错误的案件，由仲裁机构发起重新审查，纠正错误，维护法律的权威性和仲裁的公信力，可能是较好的解决途径。

（二）当事人意思自治与仲裁程序的严谨性和保密性

商事仲裁始于当事人意思自治，在整个程序推动过程中，均应尽可能体现和尊重当事人的意思自治。将商事仲裁视为司法活动的替代和补充，从而形成“仲裁司法化”的问题，是对商事仲裁制度的重大误解和扭曲。在商事仲裁过程中，无须也不应对照司法程序进行要求。事实上,《仲裁法》以及各仲裁机构的仲裁规则也大体体现了这一理念,如关于是否开庭、开庭是否公开进行以及庭审程序等,均可由当事人商定。

关于仲裁庭合议意见以及未签发前的仲裁裁决书是否应予保密,是否如法院对案件的合议以及签发前的判决书一样属于国家秘密,《仲裁法》未予规定,各仲裁机构的仲裁规则也未见涉及。《仲裁法》对该问题的回避,也许本身就说明了问题,那就是仲裁庭对案件的审理和裁决的权力源于当事人的授权,与法院代表国家行使司法权,具有本质上的区别。因此,仲裁庭的合议观点与结论,以及未签发前的裁决书,并不能等同于法院的意见和判决书。换言之,仲裁庭的合议意见以及未签发前的裁决书,是否需要严加保密?在当事人没有特别约定或者申明的情况下,也就是说当事人没有对仲裁庭特别授权的情况下,去对作为权力来源的当事人保密,法理上也存在障碍。因此,只要不妨碍仲裁庭的独立裁决,只要有利于案件质量的提高,从制度层面应尽可能满足和尊重当事人的意思自治。

(三)仲裁的公正与效率

公正与效率,应该作为商事仲裁的两位孪生兄弟而存在。但是,理论上而言,商事仲裁案件的处理,可能出现 4 种情形:既公正,又效率;公正,但不效率;效率,但不公正;既不公正,也不效率。既公正,又效率,显然是每一个案件追求的目标,而另外 3 种情形,则是任何一个案件都难以容许而要竭力避免的情形。所以,商事仲裁的所有制度,出发点和落脚点,都应该是达到公正与效率的双结合。但是,每一项制度都是有成本的,在促进公正的时候,可能会以牺牲效率为代价,如越是严密的程序,越是有利于保障公正,但是效率必然会受到减损。反过来，越是追求效率，则必然简化程序，从而可能带来公正上的损失。

公正与效率，其实存在此消彼长的矛盾与冲突。因此，商事仲裁制度只能在二者中寻求平衡。任何案件的处理，无论是诉讼还是仲裁，从本质上说都应体现公平和正义。因此，为了提高商事仲裁的质量，适当增加一些“纠错”机制，也是必要的。当前国内商事仲裁总体质量有待提高，仲裁公信力亟待提升，商事仲裁的质量，即尽可能减少错误的机制，尤显重要。“我国实行机构仲裁制度，仲裁机构对仲裁案件质量负有责任，仲裁案件的质量是考核仲裁机构的重要指标。各仲裁机构要建立完善的质量监督制度，坚决杜绝违反法定程序办案，严防不公正、不适当的违法裁决出门，绝不允许以尊重仲裁庭独立仲裁为借口放弃监督责任。”[①]但是商事仲裁的特点，必须强调效率，“纠错”机制的引入，应尽可能地减少对效率的负面影响。因此，“纠错”机制应尽可能简易，不可繁复，不可冗长。

（四）商事仲裁与社会诚信治理

商事仲裁，不仅仅是对商事领域案件的“定分止争”，同时也是社会治理的重要内容，越来越多的仲裁机构加入国家社会治理的行列，贡献力量。[②]

商事仲裁对于社会诚信治理具有重要作用。商事仲裁的闭环特点决定了其易于被不诚信之人利用的可能，甚至可能在无意之中沦为违法与犯罪的“帮凶”。因此，在司法审查不便于扩张的情况下，授予仲裁机构自主地对确有证据证明具有违反诚信甚至违

① 卢云华：《中国仲裁十年》，百家出版社2006年版，第172页。
② 参见孙潇祥：《仲裁机构参与基层社会治理初探》，载《武汉仲裁》2019年第1期。

法犯罪的仲裁裁决结果予以重新审查的权力,至为重要。

四、设想:国内商事仲裁纠错机制的完善

(一)裁决书征求意见制度的确立

裁决书征求意见制度,是指仲裁庭在形成裁决书初稿,或者称为裁决书征求意见稿之后,由仲裁委办案秘书交由当事人就征求意见稿中的事实认定、法律适用以及裁决结果发表意见,仲裁庭在汇集双方意见的基础上,独立专业地出具裁决书的制度。该制度系借鉴于鉴定(评估)程序中的征求意见制度。在鉴定(评估)程序中,鉴定(评估)人员在出具正式鉴定文书之前,首先出具征求意见稿,交由双方充分发表意见,然后鉴定机构(评估)在双方的观点上,按照自己的专业判断和掌握的案件材料,独立形成最后的正式报告。该程序的优点在于:通过双方的意见,可以发现征求意见稿中的重大错误以及遗漏事项,能够非常好地提高报告的质量,同时,能够帮助双方形成良好预期,打消其对鉴定(评估)的不切实际的期望。

在提出该制度建议之前,笔者曾经广泛征求仲裁界人员的意见。这些意见大致分为两类,泾渭分明,水火不容。一种意见是坚决反对。理由主要有:其一,裁决书在正式发出去之前,类似于法院的判决书,应该予以保密;其二,如果裁决书下发之前,双方知道了裁决结果,败诉的一方容易采取各种不正当手段去干预和影响仲裁庭;其三,仲裁的重要价值在于便捷高效,增加征求意见程序,会影响仲裁的效率。与此相反的观点,则认为该制度非常有意义,能够解决当前国内商事仲裁中的很多"顽疾",制度优势明显。

针对反对意见中的各种理由,其实是难以站得住脚的,并且裁决书征求意见制度具有无可比拟的优势。第一,认为"裁决书在正

式发出去之前,类似于法院的判决书,应该予以保密”的观点,其实是“仲裁司法化”的典型思想。① 商事仲裁与法院诉讼,从法律属性、起源、价值、具体制度等来看,都是完全不同的。但是由于我国商事仲裁制度独特的发展历程,导致了极其普遍和严重的“仲裁司法化”观念,这种观念是对商事仲裁制度的误解,也会阻碍商事仲裁制度在我国的健康发展。消减和化解“仲裁司法化”,应是我国商事仲裁制度未来发展的重要方向,也应是《仲裁法》修改的重要内容。第二,裁决书初稿征求意见,是商事仲裁意思自治更加彻底的体现,更加充分地尊重了双方的意志,完全符合商事仲裁的理念,也有利于化解双方的矛盾。第三,裁决书初稿征求意见,能够很好地帮助仲裁庭发现问题和提前解决问题,提高仲裁的质量,减少和避免错误的发生。第四,裁决书初稿征求意见,能够很好地打消一些当事人的对裁决结果的“盲目乐观主义”,纠正其对案件裁决结果的预期,消减裁决后的不稳定因素,也有利于提高商事仲裁案件的调解率。第五,通过公开征求意见,可以避免现在仲裁员的“跑漏信息”甚至利用合议信息“寻租”的行为,提高仲裁庭的独立性和权威性,也可以减少“仲裁员代理人化”的不良倾向,甚至可以减少某些当事人在仲裁中的极端“施压”行为。第六,现在国内商事仲裁总体上效率不高,服务意识不强,裁决书初稿征求意见,可以明确规定较短的异议期间,对仲裁效率的影响非常有限。

裁决书征求意见制度的具体构建。第一,该制度需要在《仲裁

① “仲裁之所以能够存在并发挥法律效力,本质上是法院司法权让渡的结果。”参见沈伟、陈治东:《商事仲裁法国际视野和中国实践》(下卷),上海交通大学出版社 2020 年版,第 623 页。笔者认为,该观点是错误的,是对仲裁制度的产生以及本质的误解,事实上,仲裁的权源并非法院的授权,而是当事人的意思自治。因此,如果要说“权力让渡”的话,绝对不是法院司法权的让渡,而是当事人“定分止争”权利让渡的结果。

法》修改中得到立法的认可和体现,当然可以是提倡性而非强制性的,是否具体实施,可以交由各仲裁委员会在仲裁规则中去取舍决定。第二,为了避免效率上的影响,征求意见原则上只适用于合议庭案件,而不适用于独任仲裁。第三,当事人可以通过约定排除该制度在个案中的适用。第四,征求意见原则上为一次,争议特别大的,可以增加一次,但总数不得超过两次。第五,每次征求意见的时间,虽然应给予双方充分的时间,但是一般不得超过 10 天。第六,征求意见中双方提交的书面意见,应作为案卷材料予以存档。第七,征求意见中双方提交的书面意见,除非仲裁庭觉得有必要,否则一般仅做书面审查,并非必须开庭。第八,双方意见仅作为参考,裁决书应由仲裁庭独立作出。

(二)裁决书核阅制度的规范化

裁决书核阅制度得以普遍施行,可知其在防范裁决错误方面,功不可没,得到广泛认同。但是,观察国内商事仲裁机构的核阅制度,也存在一些不规范行为。其一,核阅内容上的"实质审查"。虽然多数仲裁机构从制度层面选择的是"形式审查,实体建议"的文书核阅规定,但是在实质施行过程中,往往发生了异化,文书的形式由办案秘书负责审查和修改,而核阅人员则专注于内容的审查,并且在发现问题后,除少数仲裁委员会如中国国际经济贸易仲裁委员会等确实是"建议"之外,许多仲裁机构演变成"实体审查",即仲裁庭必须按照核阅意见进行修改,否则无法通过核阅,文书无法盖章下发。其二,核阅层级的"层层加码"。一般的核阅为"两级核阅",即"初核"和"复核"。"初核"之后,如果发现有问题,要求仲裁庭予以修改,修改后"复核",通过后即可。但是也有一些仲裁机构采取"三核""五核",极端的为"六核",即一份裁决书要经过六次审核通过后,方可下发。这样,一方面,严重地影响了裁决效率;另一方面,也使每一个层级的"核阅"人员均可对裁决发表意见,进行"指示",仲裁庭心力交瘁,优秀仲裁员纷纷选择离去,拒绝受聘,拒绝收案。其三,核阅期限的"遥遥无期"。观察当前商事仲裁的低效率,在很大程度上源于核阅期限过长。一方面,核阅人员配置不够,"案多人少"的现状在仲裁核阅环节矛盾非常突出,同时核阅人员未参加庭审,对案件不熟悉,核阅的难度可想而知;另一方面,部分仲裁员"不听话",不愿按照核阅人员的意见进行文书修改,于是文书被核阅人员"束之高阁","冷处理",也是重要原因。其四,核阅人员利用核阅权"夹带私货"。部分核阅人员利用其"核阅权",名义上是核阅文书,其实是干预裁决,从而实现自己的私利。这种行为,比直接的干预更为隐蔽,危害性也更大。

综上,核阅制度的价值不可否认,其也是当前国内商事仲裁机构在裁决前预防和减少裁决错误的主要措施,总体上也行之有效。但是,对其进行规范化也刻不容缓。

核阅制度的规范化,应从以下几个方面着手:第一,核阅人员在内容方面,必须明确仅具有"建议权",即不能通过其他任何手段直接或间接"强制"仲裁庭听命于核阅意见。第二,核阅层级最多不得超过"三核"的范围。第三,核阅的时间一定得有明确规定,即裁决书提交给秘书后,必须在确定的时间内给出反馈意见。根据不同核阅层级需要审核内容和时间的差别,可以采用"阶梯时间"的方法确定核阅时间,比如按照"三核"的标准设计,"一核"的时间不宜超过20天,"二核"的时间不宜超过15天,"三核"不宜超过10天。第四,核阅人员的考核和责任追究。核阅人员"越权"审查,强制或者变相强制仲裁庭修改裁决文书,延期核阅等,应承担相应内部行政责任，情节严重造成严重后果的，应承担相应法律责任。第五，确保仲裁裁决核阅的公开性与透明性。[①]

(三)仲裁自发再审制度的构建

再审制度是指人民法院为纠正已经发生法律效力的错误判决、裁定，依照审判监督程序，对案件重新进行审理的法律制度。我国法院实行“两审终审”。但是一些已经发生效力的判决和裁定，依然存在严重错误。为了体现“有错必纠”的司法政策，对于这些确有错误的判决和裁定，可以通过再审的方式予以纠正。[②] 但是为了减少对“两审终审”制度的冲击，《民事诉讼法》对再审的条件进行了较为严格的限制。《民事诉讼法》第200条规定，“当事人的申请符合下列情形之一的，人民法院应当再审：(一)有新的证据，足以推翻原判决、裁定的；(二)原判决、裁定认定的基本事实缺乏证据证明的；(三)原判决、裁定认定事实的主要证据是伪造的；(四)原判决、裁定认定事实的主要证据未经质证的；(五)对审理案件需要的主要证据，当事人因客观原因不能自行收集，书面申请人民法院调查收集，人民法院未调查收集的；(六)原判决、裁定适用法律确有错误的；(七)审判组织的组成不合法或者依法应当回避的审判人员没有回避的；(八)无诉讼行为能力人未经法定代理人代为诉讼或者应当参加诉讼的当事人，因不能归责于本人或者其诉讼代理人的事由，未参加诉讼的；(九)违反法律规定，剥夺当事人辩论权利的；(十)未经传票传唤，缺席判决的；(十一)原判决、裁定遗漏或者超出诉讼请求的；(十二)据以作出原判决、裁定的法律

① 参见刘春梅：《仲裁裁决核阅制度的正当性、规范化与界限》，载武汉仲裁委员会(武汉国际仲裁中心)、湖北省法学会仲裁法研究会主办：《武汉仲裁》(第2辑)，法律出版社2019年版。

② 再审分为民事再审与刑事再审，因为主要是与商事仲裁相关，所以此处仅仅讨论民事再审。

文书被撤销或者变更的；（十三）审判人员审理该案件时有贪污受贿，徇私舞弊，枉法裁判行为的。”

法院判决经过“两审终审”后，依然可能存在错误，“再审”制度应运而生。依此逻辑，“一裁终局”在商事仲裁中，“错误”难免。为了纠正一些非常明显和严重的裁决错误，而这些“错误”又不在司法审查的范畴，仲裁“再审”有其必要性。但是，商事仲裁有其特殊性，因此不可照搬诉讼“再审”。商事仲裁“再审”较之民事诉讼“再审”，无论是程序还是实体，条件均应更为严格。

具体而言，仲裁“再审”应坚持如下原则。第一，仲裁“再审”只能由仲裁委员会主任在发现案件确有错误时，依职权发起，而不能由申请人提出，否则商事仲裁“一裁终局”的基石将受到动摇。第二，仲裁“再审”的对象，只能是裁决书，而不包括仲裁决定等其他文书。第三，因为案件的错误暴露，可能需要较长时间，因此，仲裁委主任有权发起仲裁的“再审”的时间，不能太短，建议以裁决书生效之后 3 年为限。第四，仲裁“再审”的事由，应在《民事诉讼法》第 200 条的基础上，进行更加严格的限定，主要针对虚假仲裁，恶意仲裁，以及明显违反法律、行政法规强制性规定的案件。[①] 对于程序性规定、关于证据的规定，按照法律规定，应由司法审查处理。

结　语

商事仲裁之中难免存在一些错误，商事仲裁的意思自治、效率优先等任何原因，均不应成为“错误”延续、“有错不纠”的正当理

① “通过一系列司法解释，我国司法机关在不断促进、强化对仲裁的司法支持，进一步规范对撤销和不予执行仲裁裁决案件的处理，仲裁裁决的司法审查程序等，同时也在进一步深化对可能存在的恶意仲裁、虚假仲裁等行为的监督。”参见沈伟、陈治东：《商事仲裁法国际视野和中国实践》（下卷），上海交通大学出版社 2020 年版，第 648 页。但是，司法审查并不能解决所有虚假仲裁和恶意仲裁的问题，由于司法审查的消极性特点，对于没有当事人或者第三人提出撤裁或者不予执行的虚假或者恶意仲裁，仲裁机构的自发再审依然重要。

由。《仲裁法》的修改,要敢于直面我国仲裁事业发展中的现实问题,不避讳,不粉饰,实事求是地选择良好的制度创新。商事仲裁发展之道险远,内部纠错机制的完善首当其冲,裁决书征求意见制度的引入、裁决书核阅制度的规范以及仲裁自发再审制度的构建,将是在当前商事仲裁内部纠错机制基础上的完善与创新。当然,裁决书征求意见制度的引入和仲裁自发再审制度的构建也许突破了"仲裁人"对商事仲裁的传统认知和接受底线,但是作为一种学术探讨,作为一个热心商事仲裁事业的普通学者和实践者,提出以上设想,抛砖引玉。恳请共同为了中国仲裁事业的发展,添砖加瓦,竭精殚力,奉献力量!

Abstract Enhancing the publiccredibility of China's commercial arbitration is an urgent and long-term mission. Public credibility relies on the just and efficient adjudication in a large extent, that is the high quality of adjudication. Then, internal error correction mechanism plays an important role in quality control before an adjudication and correction after adjudication. Particularly, the quality control mainly depends on award review but correction after adjudication only has supplement. Though the present error correction mechanism is effective, there are still many shortages. Therefore, dealing with arbitral court ruling and arbitral organizations' intervention, autonomy of parties' will and procedure conscientiousness, and adjudication's just and efficiency, public credibility, and social honesty governance correctly are needed. Finally, we suggest that introducing first draft of the ruling solicits comments, regulating arbitral awards, building the spontaneous retrial system, and such internal error correction mechanism in amendments to the Arbitration Law in the future.

Keywords domestic commercial arbitration internal error correction mechanism draft system for soliciting opinions award review system spontaneous retrial system

【仲裁实务】

论《中国(湖北)自贸试验区示范仲裁规则》的主要创新[①]

刘　瑛*　李晓阳**

摘　要　《中国(湖北)自贸试验区示范仲裁规则》的制定广泛参考借鉴了国内外仲裁规则、研究成果和仲裁实践。特别是对依据中国法和国际商事仲裁中依据其他国家法律提出的保全和临时措施申请进行了区分并设立紧急仲裁员程序,专设了第三方出资章节,允许当事人选择应适用的实体"法律规则",令《中国(湖北)自贸试验区示范仲裁规则》更加贴近国际知名仲裁机构的规则。

关键词　湖北自贸试验区　仲裁规则　临时措施　第三方出资　实体法选择

2016年,国务院在湖北设立中国(湖北)自由贸易试验区(以下简称湖北自贸试验区)。湖北自贸试验区为湖北外向型经济发

① 本文系武汉仲裁委员会2018～2019年仲裁理论和实务研究重大课题"湖北自贸区仲裁仲裁规则研究"的研究成果。

* 广东惠州人,武汉大学国际法研究所、法学院教授、博士研究生导师,国际经济法教研室主任,主要研究方向为国际经济法,《中国(湖北)自贸试验区示范仲裁规则》起草主持人。

** 河北衡水人,武汉大学2019级国际经济法学博士研究生。

展提供了窗口，是湖北经济跨越式发展的一个重要抓手。随着湖北自贸试验区建设的稳步推进，大量涉外性强、复杂程度高的商事交易争端开始显现。仲裁以其当事人高度自治、高效、灵活的特点成为湖北自贸试验区商事争端解决的重要方式。为保障湖北自贸试验区的健康稳定发展，营造国际化、法治化的营商环境，满足湖北自贸试验区主体快速、高效、便捷、友好处理合同争议和其他财产权益争议的现实需求，保障仲裁解决争端的灵活性、高效性、自治性，《中国（湖北）自贸试验区示范仲裁规则》（以下简称《示范规则》）适时推出，彰显了这一代湖北仲裁人勇于担当历史使命的时代本色。

一、《示范规则》概述

《示范规则》文本较为完备，分总则，仲裁协议和管辖权，仲裁申请、答辩与反请求，保全和临时措施，仲裁庭，证据，审理，决定和裁决，简易程序，第三方出资，国际商事仲裁的特别规定，临时仲裁与机构仲裁对接特别规定，附则 13 章内容。

在《示范规则》制定过程中，以遵守《中华人民共和国仲裁法》（以下简称《仲裁法》）、《中华人民共和国民事诉讼法》（以下简称《民事诉讼法》）为基本前提，参考了《中国（上海）自由贸易试验区仲裁规则》《深圳国际仲裁院仲裁规则》《中国国际经济贸易仲裁委员会仲裁规则》《中国香港国际仲裁中心仲裁规则》《斯德哥尔摩仲裁院仲裁规则》《武汉仲裁委员会（武汉国际仲裁中心）仲裁规则》《广州仲裁委员会仲裁规则》《北京仲裁委员会仲裁规则》《横琴自由贸易试验区临时仲裁规则》《天津仲裁委员会仲裁规则》《中国（辽宁）自由贸易试验区仲裁规则》《国际投资争端解决中心仲裁规则》等仲裁机构规则和《联合国国际商事仲裁示范法》《英国仲裁法》《新加坡国际仲裁法》《加拿大商事仲裁法典》《德国仲裁法》，参阅了大量国际商事仲裁论文和仲裁案例，对不同规则文本之间的异同点进行了对比分析，结合湖北自贸试验区的实际情况，力求能够在现有法律环境下对标国内外先进仲裁规则，因此《示范规则》既体现了中国普遍仲裁实践，又适时地进行了一些创新。《示范规则》的亮点主要体现在以下几个方面。

（一）拓展了仲裁协议的效力，将分支机构仲裁协议延伸适用于法人

随着湖北自贸试验区涉外型经济的迅速发展，为了适应商主体愈发复杂多样的发展趋势，便利争端的解决以及后期裁决的履行，《示范规则》第 9 条规定，“法人的分支机构订立仲裁协议的，仲裁协议对法人及其分支机构有效”。[①]

（二）灵活应对复杂交易

为了厘清湖北自贸试验区越发复杂的国际商事法律关系和纠纷，提高仲裁效率，合理处理多方当事人的仲裁请求，以便“一揽子”解决争议，《示范规则》合理处理多方当事人的仲裁请求，允许将多份合同中的关联事项一次仲裁，运用合并审理和合并仲裁的方式高效处理多方当事人的仲裁请求，以灵活应对复杂交易。《示范规则》第 16 条规定，当事人可以就同一合同中的多个法律关系、向不同的当事人提出独立的仲裁请求；[②]第 17 条规定了当事人之间的争议涉及多份合同的，其可以在单个仲裁案件中合并提出仲

---

① 参考借鉴《广州仲裁委员会仲裁规则》第 12 条、《珠海仲裁委员会仲裁规则》第 10 条、《横琴自由贸易试验区临时仲裁规则》第 8 条、《汕头仲裁委员会仲裁规则》第 10 条、《南宁仲裁委员会仲裁规则》第 13 条。

② 参考借鉴《厦门仲裁委员会仲裁规则》第 54 条、《广州仲裁委员会仲裁规则》第 22 条、《中国国际经济贸易仲裁委员会仲裁规则》第 14 条、《北京仲裁委员会仲裁规则》第 14 条。

裁申请”;第53条规定,“仲裁标的有关联的两个或者两个以上的案件,经一方当事人申请并征得其他当事人同意,仲裁庭可以决定合并审理”。

（三）丰富了保全和临时措施的层次

《示范规则》区分了依据中国法与国际商事仲裁中依据其他国家法律提出的保全和临时措施申请,并增设了紧急仲裁员程序。为了满足湖北自贸试验区涉外性经济发展的需要,更加全面地维护当事人的权益,《示范规则》第20条对保全和临时措施作了较为全面的列举,包括了财产保全、证据保全、行为保全和法律规定的其他措施。在其第22条和第87条分别规定了依据中国法提出的保全和临时措施申请以及国际商事仲裁中依据其他国家法律提出的保全和临时措施申请。在其第88条紧急仲裁员条款中明确了当事人申请、仲裁委员会决定、紧急仲裁员的信息披露和回避、紧急仲裁员的权力等内容。

（四）审理方式中添加了视频审理

随着网络技术的普及,庭审便捷化的发展趋势日益凸显,国内外仲裁机构开始探索互联网技术与仲裁庭审的结合。为了顺应这种发展趋势,《示范规则》第45条规定,“庭审可以以现场开庭、视频开庭等任何仲裁庭认为适当的形式进行,当事人另有约定的除外”。①

（五）专设了第三方出资章节

第三方出资作为一个新兴事物,可以帮助由于资金不足而无法启动争端解决程序的当事人寻求争端解决,因此发展较为迅速。《示范规则》首次在中国大陆（内地）的仲裁规则中开辟专章明确承

① 参考借鉴《厦门仲裁委员会仲裁规则》第33条。

认第三方出资，对有关第三方出资的定义、披露义务以及裁决等内容进行了规定，这有利于实现国际商事仲裁的公平效率，建设良性健康的法律环境。

（六）国际商事仲裁章节增加“涉外”界定条款，并允许当事人选择应适用的实体“法律规则”

为了明晰国际商事仲裁章节的适用范围，《示范规则》在参考借鉴最高人民法院《关于适用〈中华人民共和国涉外民事关系法律适用法〉若干问题的解释（一）》第 1 条和最高人民法院《关于适用〈中华人民共和国民事诉讼法〉的解释》第 5 条的基础上独创性地在文本第 83 条规定了涉外认定因素。① 为了与国际仲裁规则更好地接轨，《示范规则》在第 93 条规定允许国际商事仲裁当事人选择应适用的实体“法律规则”。

（七）专章规定临时仲裁和机构仲裁对接规则

“三特定”仲裁作为自贸试验区临时仲裁的先行先试，②符合国际商事仲裁规则的发展趋势。为了提高商事纠纷仲裁国际化程度，《示范规则》从强调仲裁机构为临时仲裁开展提供服务和背书的角度，设置了专门的临时仲裁与机构仲裁对接规则。第 12 章第 94 条规定了该章的适用范围是涉自贸试验区主体的民商事争议“三特定”仲裁的对接，定义了该章意义上的“临时仲裁”和“仲裁

① 具有下列情形之一的，仲裁庭可认定为具有涉外因素：（1）当事人一方或双方是外国公民、外国法人或者其他组织、无国籍人；（2）当事人一方或双方的经常居所地在中华人民共和国领域外；（3）标的物在中华人民共和国领域外；（4）产生、变更或者消灭民事关系的法律事实发生在中华人民共和国领域外；（5）可以认定为涉外民商事关系的其他情形。

② 最高人民法院 2016 年 12 月 30 日发布的《关于为自由贸易试验区建设提供司法保障的意见》允许在自贸试验区内注册的企业相互之间约定在内地特定地点、按照特定仲裁规则、由特定人员对有关争议进行仲裁，法院可以认定该仲裁协议有效，法院认为该仲裁协议无效，则应报请上一级法院进行审查，无效的认定和审查意见需要层报到最高人民法院，足见人民法院支持“三特定”仲裁的态度。

机构”,规定了对接仲裁机构的确定和仲裁机构可以提供的程序服务,也规定了从临时仲裁向机构仲裁的程序转化以及裁决书和调解书的确认,并明确了仲裁机构的免责,是一个比较完整的对接规则体系。

笔者将重点围绕丰富保全和临时措施层次、第三方出资以及允许当事人选择应适用的实体“法律规则”这三方面亮点内容进行重点阐述。

二、创新之一:丰富了保全和临时措施的层次

“现代社会之法律思想,已经由传统之事后损害赔偿制裁之救济方法,进入以事前预防损害及实现权利之保护措施。”①仲裁保全措施,也称临时措施、临时性救济。作为一种典型的预防性权利保护手段,仲裁保全的目的在于预防当事人的实体权利遭到难以挽回的损害,这对于仲裁程序的顺利进行以及争端的最终解决有着重要意义。《示范规则》在借鉴《民事诉讼法》、《仲裁法》②、《广州仲裁委员会仲裁规则》③、《上海自贸区仲裁委员会仲裁规则》④以及《国际商事仲裁示范法》⑤、《国际贸易法委员会仲裁

① 陈荣宗、林庆苗主编:《民事诉讼法》,台北,三民书局1996年版,第882页。

② 《仲裁法》第28条:一方当事人因另一方当事人的行为或者其他原因,可能使裁决不能执行或者难以执行的,可以申请财产保全。当事人申请财产保全的,仲裁委员会应当将当事人的申请依照民事诉讼法的有关规定提交人民法院。申请有错误的,申请人应当赔偿被申请人因财产保全所遭受的损失。《仲裁法》第46条:在证据可能灭失或者以后难以取得的情况下,当事人可以申请证据保全。当事人申请证据保全的,仲裁委员会应当将当事人的申请提交证据所在地的基层人民法院。

③ 《广州仲裁委员会仲裁规则》(2017年版)第26条:(一)一方当事人因另一方当事人的行为或者其他原因,可能使裁决不能执行或者难以执行的,可以申请财产保全。(二)在证据可能灭失或者以后难以取得的情况下,当事人可以申请证据保全……

④ 《上海自贸区仲裁规则》第18条:当事人可以根据临时措施执行地所在国家/地区有关法律向仲裁委员会及/或具有管辖权的法院提出如下一种或数种临时措施的申请:1.财产保全;2.证据保全;3.要求一方作出一定行为及/或禁止其作出一定行为;4.法律规定的其他措施。

⑤ 《联合国国际商事仲裁示范法》第9条规定,在仲裁程序开始前或进行期间,一方当事人请求法院采取临时保全措施和法院准予采取这种措施,并不与仲裁协议相抵触。

规则》[1]等国内外仲裁规则以及司法实践的基础上,对保全和临时措施作了齐全的规定,包括了财产保全、证据保全和行为保全,并对仲裁前和仲裁中的保全和临时措施进行了规制。其中较为创新的是区分了依据中国法和国际商事仲裁中依据其他国家法律提出的保全和临时措施申请,并科学设计了紧急仲裁员程序。

(一)区分了依据中国法和国际商事仲裁中依据其他国家法律提出的保全和临时措施申请

湖北自贸试验区以外向型经济为特征。在涉外和国际仲裁案件中,当事人依据外国法提出保全和临时措施申请主要分为两种情况:一种是在仲裁协议中当事人约定选择适用外国法作为适用法,并以此为依据提出保全和临时措施申请;另一种是当事人并未明确选择法律适用法,仲裁庭根据案件具体情况选择外国法作为适用法,此时当事人根据该外国法提出保全和临时措施申请。在这两种情况下,保全和临时措施需要依据外国法来确定。

在国际层面,《国际商事仲裁示范法》第 17 条[2]、《国际贸易法委员会仲裁规则》第 26 条[3]、《国际商会仲裁规则》第 23 条[4]等仲裁

① 《国际贸易法委员会仲裁规则》第 26 条(临时措施)第 2 款规定,临时措施是仲裁庭在下达决定争议的终局裁决之前的任何时候下令一方当事人采取的任何临时性措施,比如且不限于:(a)争议未决之前维持或恢复现状;(b)采取行动防止,或者避免采取行动造成:(i)当前或即将发生的损害,或(ii)对仲裁过程本身的妨碍;(c)为其后使用资产执行仲裁裁决提供一种资产保全手段;或者(d)保全与解决争议可能有关的实质性证据。

② 《联合国国际商事仲裁示范法》第 17 条规定,除非当事各方另有协议,仲裁庭经当事一方请求,可以命令当事任何一方就争议的标的采取仲裁庭可能认为有必要的任何临时性保全措施。仲裁庭可以要求当事任何一方提供有关此种措施的适当的担保。

③ 《国际贸易法委员会仲裁规则》第 26 条(临时措施)第 1 款规定,经一方当事人请求,仲裁庭可准予临时措施。

④ 《国际商会仲裁规则》第 23 条第 1 款规定,除非当事人另有约定,否则一旦案卷移交给仲裁庭,仲裁庭经一方当事人申请,可以采取其认为合适的任何临时性或保全措施。仲裁庭可以在申请方提供适当保证金的前提下采取这种措施。这种措施可以以裁定的形式作出并附具理由,或以仲裁庭认为合适的裁决形式作出。

规则以及《英国仲裁法》第38条[①]、《新加坡国际仲裁法》第12条[②]、《日本仲裁法》第24条[③]、《德国仲裁法》第1041条[④]等外国法律，明确规定了允许由仲裁庭决定是否采取保全和临时措施。但是依据我国《民事诉讼法》第258条以及《仲裁法》第28条、第46条和第68条的规定，[⑤]仲裁庭没有权力决定保全和临时措施。因此，为了更好地保障仲裁程序的稳定进行，保障当事人的合法权益，《示范规则》明确了当事人可以依据中国境外法律向仲裁庭提出保全申请，并对依据中国法律提出的保全和临时措施申请与依据其他国家法律提出的保全和临时措施申请作了区分。

在国内主要仲裁机构的仲裁规则中，只有《中国国际经济贸易仲裁委员会仲裁规则》在第23条第3款规定“经一方当事人请求，仲裁庭依据所适用的法律或当事人的约定可以决定采取其认为必要或适当的临时措施，并有权决定由请求临时措施的一方当事人提供适当的担保”。《厦门仲裁委员会仲裁规则》则区分了“依据中

① 《英国仲裁法》第38条：仲裁庭可就任何与仲裁程序标的或在程序过程中任何问题所涉之有关财产，且该财产为一方当事人所有或占有，作出下列指令，(a)由仲裁庭、专家或一方当事人对该财产进行检验、拍照、保全、保管或扣押。(b)从财产中提取样品，对之进行观察或实验。为程序进行之目的，仲裁庭可以指令任一方当事人对其所保管或控制下的证据进行保全。

② 《新加坡国际仲裁法》第12条第1款：为了不影响本法及《示范法》所规定的仲裁庭的权力，仲裁庭有权向当事任何一方发出命令或指示：……(d)保存、临时保管或售卖争议标的或组成争议标的部分的任何财产……(f)为了程序的目的，保存和临时保管任何证据……(i)临时禁令或其他临时措施。

③ 《日本仲裁法》第24条规定，除非当事人另有协议，仲裁庭根据一方的申请，可以命令任何一方当事人就争议的对象采取仲裁庭认为有必要的临时措施或保全措施。

④ 《德国仲裁法》第1041条规定，除非当事人另有约定，经一方当事人请求，仲裁庭可以就争议事项决定其认为必要的临时保全措施。仲裁庭可以要求任一方当事人提供有关此项措施的任何担保。

⑤ 在我国，如果仲裁当事人申请财产保全和证据保全等，应该首先向仲裁庭提出请求，然后仲裁庭将当事人的此种请求，转交给立法规定的适当的法院，由法院审查当事人的请求是否符合法律的规定。

国境内法律申请的保全”和“依据中国境外法律申请的保全”，[①]前者仲裁委员会应当依法将当事人的保全申请转交至有管辖权的法院，后者仲裁委员会应当根据相关适用法律及该规则的规定，将当事人的申请转交具有管辖权的法院进行裁定或者提交仲裁庭作出决定或者裁决。相对而言，《厦门仲裁委员会仲裁规则》区分不同适用法的适用前提来分别作规定。因为适用法不同而由不同机构决定的《中国国际经济贸易仲裁委员会仲裁规则》，更加清晰。如此设计顺应了中国经济涉外性提升的大趋势，同时也顺应了当今国际商事仲裁规则的发展趋势，增加了仲裁规则的可适用性。因此，《示范规则》借鉴这种做法，对依据中国法律提出的保全和临时措施申请与依据其他国家法律提出的保全和临时措施申请做了区分，依据中国法提出的保全和临时措施申请规定在第22条，[②]依据

---

① 《厦门仲裁委员会仲裁规则》第18条规定，依据中国境内法律申请的保全：（一）一方当事人因另一方当事人的行为或者其他原因可能致使裁决难以执行或者造成己方当事人其他损害的，可以向仲裁委提出财产保全或者行为保全的申请。（二）在证据可能灭失或者以后难以取得的情况下，当事人可以向仲裁委提出证据保全的申请。（三）当事人向仲裁委提出上述申请的，仲裁委应当依法将当事人的保全申请转交至有管辖权的法院。第19条规定，依据中国境外法律申请的保全：（一）当事人可以依据中国境外的法律向仲裁委提出保全申请，所申请的保全措施包括但不限于财产保全、行为保全和证据保全。（二）仲裁委应当根据相关适用法律及本规则的规定，将当事人的申请转交具有管辖权的法院进行裁定或者提交仲裁庭作出决定或者裁决。（三）在相关适用法律允许的情况下，本条第（二）款中的仲裁庭可以要求申请保全的一方当事人提供适当的担保。

② 《示范规则》第22条规定：“（一）仲裁委员会受理案件后，当事人可以向仲裁委员会或有管辖权法院提出保全和临时措施申请。提出保全和临时措施申请的，应提交保全和临时措施申请书。保全和临时措施申请书应当写明：1. 当事人的基本信息（包括但不限于当事人的名称、住所、联系方式等）；2. 申请的保全和临时措施种类及相应理由；3. 申请保全和临时措施相对方当事人的有效送达方式；4. 其他必要的内容。保全和临时措施执行地不在中国内地的，当事人还需提供：1. 保全和临时措施执行地及具有管辖权的法院；2. 保全和临时措施执行地有关法律规定。（二）对于依据中国法提出的保全和临时措施申请，仲裁委员会应当依法及时转交具有管辖权的法院。（三）仲裁委员会在必要时也可对当事人申请保全和临时措施提出建议。（四）国际商事仲裁中的保全和临时措施，同时适用‘国际商事仲裁的特别规定’章的特别规定。”

其他国家法律提出的保全和临时措施申请规定在第 87 条。[①]

(二)设立紧急仲裁员程序

紧急仲裁员(emergency arbitrator)指在国际民商事争议解决过程中,签有仲裁协议的双方当事人在正式仲裁庭成立之前因情况紧急,直接申请仲裁机构指定的,对于出现的证据、财产或行为上的紧急情况采取紧急性临时救济措施的仲裁员。[②] 随着湖北自贸试验区经济涉外性的增强,在可能产生的国际民商事纠纷中,仲裁双方同仲裁员来自不同国家或地区的可能性大大增加,这在一定程度上增加了仲裁庭组成的时间空间成本,因此也在一定程度上增加了同案件有关的关键性证据在组庭前被转移、隐匿甚至毁灭的可能性,进而使得仲裁程序无法发挥其应有的效能。因此,为了能够更好地保障当事人的合法权益,《示范规则》顺应目前国际仲裁实践中通过紧急仲裁员程序对当事人的保全申请进行审理的趋势,在借鉴国内外仲裁规则的基础上,[③]科学设计了紧急仲裁员程序,在第 88 条紧急仲裁员条款中明确了当事人申请、仲裁委员会决定、紧急仲裁员的信息披露和回避、紧急仲裁员的权力

① 《示范规则》第 87 条规定:当事人依据外国法提出保全和临时措施申请的,仲裁委员会应当根据相关适用的中国境外法律及本规则的规定,将当事人的保全和临时措施申请转交具有管辖权的法院进行裁定或者提交仲裁庭作出决定或者裁决。仲裁庭可以依据所适用的中国境外法律决定采取其认为必要或适当的保全和临时措施,并有权决定由请求保全和临时措施的一方当事人提供适当的担保。

② 参见朱占峰:《国际商事仲裁中的紧急仲裁员制度之探究》,载《安徽警官职业学院学报》2015 年第 3 期。

③ 《中国国际经济贸易仲裁委员会仲裁规则附件三紧急仲裁员制度》、《上海自由贸易试验区仲裁规则》第 21 条、《深圳国际仲裁院仲裁规则》第 26 条、《国际商事仲裁示范法》第 17 条。

等内容。[1]

三、创新之二:第三方出资

第三方出资是一个相对较晚但同时也具有重大意义的仲裁现象。在国际商事仲裁领域,仲裁费用支出有时是庞大的,甚至当事人会因为费用高昂而放弃争议解决或者无法充分地运用仲裁程序维护权益。[2] 第三方出资可以帮助由于资金不足而无法启动争端解决程序的当事人寻求争端解决,其正被越来越多地用于一般的国际商事仲裁程序,并且被资助方也不仅仅限于资金出现困难的商事交易主体,一些资金雄厚的跨国公司也将第三方出资作为公司融资和资金规划的一种模式,纳入整体资金运营和投资规划考察范畴,导致了第三方出资仲裁的迅速发展,呈现不可阻挡之势。[3] 第三方出资仲裁规则有其制定的现实意义,有利于实现国际商事仲裁的公平高效,建设良性健康的法律环境,为国际商事仲裁保驾护航。有鉴于此,《示范规则》本着自贸试验区制度创新的理念,拥抱这一新兴事物,在我国内地一般性仲裁规则中开创性地开辟专章明确承认第三方出资,并对其运用进行调整。《示范规则》主要

---

① 《示范规则》第 88 条规定:(1)在仲裁程序适用法律允许的情况下,在仲裁程序开始后、仲裁庭组成之前,当事人因情况紧急需要申请保全和临时措施的,可以向仲裁委员会提出指定紧急仲裁员的书面申请。当事人提交指定紧急仲裁员的书面申请,应当说明理由;是否同意,由仲裁委员会决定。(2)仲裁委员会决定适用紧急仲裁员程序的,应在收到申请及申请人按规定预缴的紧急仲裁员费用后两日内指定紧急仲裁员,并将指定情况通知所有当事人。仲裁委员会应将申请人的申请材料及其附件同时转发被申请人。(3)紧急仲裁员的信息披露、回避等事项,参照本规则第 30 条和第 31 条的规定办理。当事人若以紧急仲裁员披露的事项为由要求该仲裁员回避,应于收到紧急仲裁员的书面披露后两日内书面提出。逾期没有申请回避的,不得以紧急仲裁员曾经披露的事项为由申请回避。(4)紧急仲裁员有权采取其认为适当的方式就当事人的保全和临时措施申请进行审查,但应保证各方当事人有合理陈述的机会。(5)紧急仲裁员应根据本规则第 22 条的规定对保全和临时措施的申请作出决定。(6)紧急仲裁员应在仲裁庭组成之日起退出该案审理,并应向仲裁庭移交全部案卷材料。(7)除非当事人另有约定,紧急仲裁员不再担任与该保全和临时措施申请有关的案件的仲裁员。

② 参见覃华平:《国际仲裁中的第三方资助:问题与规制》,载《中国政法大学学报》2018 年第 1 期。

③ Nortorn Rose Fulbright, International arbitration report, Issue 7, September 2016, p. 3.

参考中国香港《2017 年仲裁及调解法例（第三者出资）（修订）条例》（以下简称《2017 仲裁条例》）、《中国国际经济贸易仲裁委员会国际投资争端仲裁规则（试行）》（以下简称《贸仲投资仲裁规则》）、中国国际经济贸易仲裁委员会香港仲裁中心发布的《第三方出资仲裁指引》、《国际律协利益冲突指引》（IBA Guidelines on Conflicts of Interest，以下简称《利益冲突指引》）、《国际商事仲裁理事会和伦敦玛丽王后大学"国际仲裁中的第三方出资"联合工作组报告》（以下简称 ICCA 报告）设计了规则文本第 10 章的三个条款，即定义、披露义务以及裁决的有关内容。

（一）第三方出资的定义

国际社会对第三方出资并没有统一的界定，[①]关于第三方出资的定义主要散见于中国香港特别行政区、新加坡有限的立法之中，并且主要体现在《贸仲投资仲裁规则》以及《国际投资仲裁规则》等仲裁规则和非约束性指引文件《第三方出资仲裁指引》中。

在法律层面，《2017 仲裁条例》第 98（G）条规定第三者出资仲裁的要素为："（1）出资是根据出资协议提供的；（2）出资是向受出资方提供的；（3）出资是由出资第三者提供的；及（4）提供出资，是藉此以换取由该出资第三者在限定情况下收取财务利益；限定情况是假若该仲裁按该出资协议所指属成功者，该出资第三者方可收取该等财务利益。"新加坡在 2017 年《民事法（修订）案》中对第三方资助制度作了以下规定：一是资助方应当具备资助仲裁程序的专项资金，资金的总额不低于 500 万美元；二是资助方应主动履行披露义务，内容包括其与受资助方存在资助关系、资助方的基本

① Dr. Maxi Scherer and Aren Goldsmith, Third Party Funding in International Arbitration in Europe, Part 1: Funder's Perspectives, RDAI/IBLJ Round Table, 2012.

情况。[①]

在仲裁规则层面,《贸仲投资仲裁规则》对第三方出资的定义是:"当事人以外的自然人或实体协议承担参与争议的一方当事人在仲裁程序中的全部或部分费用的情形。"[②]此规定没有对商业出资者和单纯的出资者进行区分,对第三方出资者的定义持开放的态度,从而尽可能广泛地规制第三方出资行为。北京仲裁委员会发布的《国际投资仲裁规则》对第三方资助的定义是:"并非争端当事人的个人或实体向仲裁程序的一方当事人或当事人的关联方或代理人提供资金或其他相当于资金的支持以进行仲裁活动。"

在非约束性指引文件上,与《2017 仲裁条例》定义相似的是《第三方出资仲裁指引》,将第三方出资定义为一种出资安排,该指引指明了第三方出资的两类范围:(1)在融资中直接或间接提供资金,或(2)在仲裁中提供实质性的支持并且在仲裁判决中有直接经济利益。[③]《利益冲突指引》则是较早规范第三方出资的国际文件,指出具有披露义务的当事人应当披露其与在仲裁判决中有直接经济利益的第三方间的关系,例如提供资助的第三方或者有义务根据裁决赔偿胜诉方的第三方。[④]

在研究报告层面,ICCA 报告中考虑了第三方出资模式的范围以及新模式继续蓬勃发展的可能性,决定采用广泛的标准。该报告将第三方出资定义为任何与争议方、争议方附属机构或争议方的代理律所签订资助协议的非争议方,提供实质支持或为仲裁程

① 参见沈伟、董炜堃:《国际仲裁第三方资助的披露制度研究——以香港和新加坡立法监管为切入》,载《商事仲裁与调解》2020 年第 2 期。

② 《中国国际经济贸易仲裁委员会国际投资争端仲裁规则(试行)》第 27 条第 1 款。

③ CIETAC, HKAC, TPF Guidelines, Art. 1.2.

④ IBA Guidelines on Conflicts of Interest in International Arbitration (International Bar Association 2014), Part 2, Explanation to General Standard 7 (a).

序的费用提供全部或部分费用,同时此类支持或者资助的报酬是全部或部分裁决的赔偿,或者通过授予赠款、保险费支付的情形。①2019 年 8 月 16 日在国际投资争端解决中心(International Center for Settlement of Investment Disputes,ICSID)发布的有关 ICSID 仲裁规则修订意见的报告中提到将第三方出资定义为以捐赠或赠款或仲裁裁决判赔的款项作为资助报酬而为仲裁程序的进行提供费用的情形。②

有学者认为,第三方出资的一般定义应为:在国际仲裁程序中,由第三方(资助方)对仲裁程序的当事人就可能涉及的法律费用或其他与仲裁有关的费用通过协议进行资金支持,并从胜诉裁决中获取约定比例的金额作为利润的投资模式。③

综上,ICCA 报告中关于第三方资助的定义最为宽泛,任何承担仲裁费用或提供实质性支持的非当事人都有可能纳入第三方出资规则予以规制。《贸仲投资仲裁规则》则将提供资金资助作为第三方出资的唯一条件。而其他仲裁规则和国际法律文件则大多将第三方出资限定于两个条件:一是提供部分或全部仲裁费用,二是根据出资协议对仲裁裁决享有直接经济利益,包含两个条件的定义限定了规制对象为商业出资者。商业出资者的特点在于其具有投资的目的,而单纯的出资者不具有与当事人分享胜诉利益的意思表示,二者都属于出资者范畴。

2005 年,英国上诉法庭在阿尔金诉博查德航运公司案(Arkin

① Report of the ICCA-Queen Mary Task Force on Third-Party Funding in International Arbitration 2018, No. 4, p. 50.

② ICSID Working Paper 3, Volume 1, Proposals for Amendment of the ICSID Rules, Arbitration Rules for ICSID Convention Proceedings, Rule 14.

③ 参见[英]艾伦·雷德芬等:《国际商事仲裁法律与实践》,林一飞、宋连斌译,北京大学出版社 2005 年版,第 267 页。

v. Borchard Lines Ltd.)中区分了单纯的资助者和掌控诉讼的第三方出资者,[1]该区别也为2017年深工集团诉苏格兰皇家银行案(SG Group v. the Royal Bank of Scotland)英国高等法院的观点所支持。[2] 而该定义也符合规制商业资助者行为的目的。

因此,综合上述观点,考虑到第三方出资在中国内地的一般性仲裁规则中还属于新生事物,《示范规则》在有关第三方出资定义的规则制定过程中持谨慎态度,将第三方出资限定于提供全部或部分仲裁费用的行为。同时,考虑到第三方出资的本意是转移当事人的争议解决风险,减轻经济负担,若将单纯的出资行为和商业出资行为予以同等规制,会增加无谓的司法成本,打击单纯出资者的积极性。因而《示范规则》仅从商业出资行为的角度界定第三方出资,在第80条规定其定义为"当事人以外的自然人或实体协议承担参与争议的一方当事人在仲裁程序中的全部或部分费用,并约定以获取胜诉裁决一定比例的金额作为第三方出资报酬的情形"。

(二)第三方出资的披露义务

披露义务是第三方出资规制的核心。虽然第三方出资可以帮助当事人诉诸和完成仲裁程序,获得正义,但是其本身依然存在利益冲突和披露问题,亟待规制。

从披露的必要性来看,仲裁员公正独立是仲裁的一项根本原则,如果委任的仲裁员对裁决结果有个人利益或与其中一个当事人有关系,则他将处在一个矛盾的地位——他的个人利益与他应

① 参见张蓓蓓、胡宪:《中国第三方资助市场的概览性报告》,载搜狐网2018年2月11日,https://www.sohu.com/a/222247588_708255。

② The RBS Rights Issue Litigation [2017] EWHC 1217 (CH).

公平公正行事发生正面冲突,可能导致仲裁员在实际处理仲裁案件中做不到公平和公正。[①] 在存在第三方出资的情况下,提供出资的第三方与仲裁员之间可能出现潜在的利益关系,无论是法律上的还是事实上的。但是,在是否对第三方出资施加强制性披露义务的问题上,各界仍然存有争议。支持披露的阵营认为,强制披露可保证仲裁员合理地评估是否存在潜在的利益冲突问题以维护其独立性和公正性。[②] 而反对强制披露的观点则认为,强制披露会导致仲裁的保密性降低,应当采取灵活的披露规则,而且由于利益冲突而必须披露的情况较少,因此根据当事人的披露请求进行披露能够满足现实需求。[③] 从保障仲裁的独立性与公正性出发,《示范规则》认为仲裁员的披露义务是确保裁决公正的一项仲裁基本制度,其主要内容就是对利益冲突的披露,是维护公正裁决,确保实体和程序正义兼顾效率的必要条件。因此,《示范规则》认为有必要规定第三方出资的披露义务,并且应当对第三方出资施加强制性的披露义务。

在披露主体方面,现行仲裁规则所规定的披露义务基本上由仲裁员承担,[④]但由于第三方出资仲裁的特殊性,目前理论和实践发展的趋势都倾向于将当事人也纳入披露义务的主体,主要是认

---

① 谈晨逸:《第三方资助仲裁对仲裁员独立性的挑战与防范》,载《国际商务研究》2019 年第 1 期。

② Sarah E. Moseley, *Disclosing Third-Party Funding in International Investment Arbitration*, 97 Texas Law Review 1193 (2019); Eric De Brabandere & Julia Lepeltak, *Third-Party Funding in International Investment Arbitration*, 27 ICSID Review 381 (2012).

③ Bernardo Cremades, Antonias Dimolitsa, *Third-Party Funding in International Arbitration* (*ICC Dossier*), International Chamber of Commerce, 2013.

④ 参见卢笛:《国际商事仲裁第三方资助披露义务法律问题研究》,广东外语外贸大学 2020 年硕士学位论文,第 13 页。

为当事人是对于相关信息最清楚的一方。[①] 国际律师协会在《利益冲突指引》中专门非穷尽列举了可能会影响仲裁员独立性和公正性的具体情形，[②]认为第三方出资协议的披露主体应是接受第三方出资的当事人和仲裁员。由仲裁员承担第三方出资的披露义务，有效保证了仲裁员的独立性和公正性。但由于第三方出资者的身份具有隐蔽性和特殊性，如果当事人未主动披露第三方出资的存在，就存在影响仲裁员履行其披露义务的可能性。因此，为了确保仲裁员和双方当事人在仲裁程序开始前就能够充分地评估、考量第三方出资在案件中可能发生的利益冲突，保障仲裁程序的公正进行，《示范规则》将仲裁当事人也纳入了披露主体范围。

披露内容主要涉及披露第三方出资者的身份和第三方出资协议的内容。《贸仲投资仲裁规则》[③]、《2018 中国香港国际仲裁中心仲裁规则》[④]、《2017 仲裁条例》[⑤]以及 ICSID 仲裁规则修订意见的工作组报告[⑥]均认同应当披露第三方出资者的身份信息以及第三

---

① 参见丁汉韬：《论第三方出资下商事仲裁披露义务规则之完善》，载《武大国际法评论》2016年第2期。

② 这些情形分列"绿色""橙色""红色"清单，其中与第三方出资（与仲裁裁决有直接经济利益）有关的有：(1)仲裁员是一方当事人或对仲裁裁决具有直接经济利益的实体的经理、董事或监事或对其具有类似控制影响（第1.2条）；(2)仲裁员与对仲裁裁决具有直接经济利益的实体有密切的私人朋友关系（第3.4.3条）；(3)仲裁员与对仲裁裁决具有直接经济利益的实体之间存在仇恨（第3.4.4条）。当出现第一种情形时，即使当事人明确同意，该人也不得担任仲裁员；在后两种情形中，若当事人不表示反对，即意味着其默示同意该人继续担任仲裁员。除了以上情形，也会有其他《利益冲突指引》未列举但可能引发仲裁员利益冲突的情形。

③ 《贸仲投资仲裁规则》第27条第2款规定："获得第三方资助的当事人应在签署资助协议后，毫不迟延地将第三方资助安排的事实、性质、第三方的名称与住址，书面告知对方当事人、仲裁庭及管理案件的投资争端解决中心或香港仲裁中心。仲裁庭也有权命令获得第三方资助的当事人披露相关情况。"

④ 《2018 中国香港国际仲裁中心仲裁规则》第44条第1款规定，若已签订资助协议，受资助方应将关于以下信息的书面通知传送至所有其他当事人、仲裁庭、任何紧急仲裁员和香港国际仲裁中心：(a)已签订资助协议的事实；和(b)出资第三方的身份。

⑤ 中国香港特别行政区《2017 仲裁条例》第98(U)条规定，受资助方应当就订立资助协议一事和出资第三方的姓名和名称发出书面通知，并且还要披露第三方资助协议完结的事项。

⑥ ICSID Working Paper 3, Volume 1, Proposals for Amendment of the ICSID Rules, Arbitration Rules for ICSID Convention Proceedings, Rule 14(1),(2).

方出资协议的存在。但在披露第三方出资协议的内容方面依然存在争议，存在以下几种标准：主观披露标准认为不管是否属于合理质疑，任何在当事人眼中可能会引起对仲裁员独立性和公正性质疑的事由都需要披露。客观披露标准是指仲裁员对于当事人主观臆断且没有正当理由的怀疑无须进行披露，需要进行披露的只有那些能够引起合理怀疑仲裁员失去公正性和独立性的可能情况。而《国际商事仲裁取证规则》将特定性、关联性、重要性作为判断第三方出资的相关信息是否属于披露内容范围的标准，即"相关性"标准。[①] 综合上述标准来看，主观标准虽然更能全面满足当事人对于披露内容的需求，但会对仲裁的保密性造成冲击，可能会使仲裁员或第三方出资者的隐私或商业秘密受到侵害。客观标准虽然能够预防第三方资助信息过度披露，但由于客观标准实际上大部分取决于仲裁员的裁量，依照客观标准确定披露范围具有不确定、不统一的缺点。而"相关性"标准则主要依据特定情形下仲裁员的利益冲突、费用分配、仲裁费用保证金、保密性、透明度等因素进行判定。因此，为了能够充分发挥第三方出资披露的益处，《示范规则》认为应当披露第三方出资者的身份信息以及第三方出资协议的存在，至于是否披露资助协议的内容，《示范规则》认为可以采用"相关性"的评判标准，进行个案分析，先不对披露资助协议的内容制定义务规则，而通过仲裁庭来对相关性因素进行认定。

综上所述，《示范规则》在第 81 条对披露义务进行了如下规定：(1)接受第三方出资的一方当事人应毫不迟延向仲裁委员会、仲裁庭、紧急仲裁员、其他仲裁当事人书面披露第三方出资的事

---

① Gary B. Born, *International Commercial Arbitration* (Second Edition), Kluwer Law International, 2014, p. 2331 – 2334.

实、性质、出资者姓名/名称和身份，仲裁庭有权应对方当事人请求或自主要求当事人披露出资协议的存在以及第三方出资者的姓名/名称和身份信息。(2)在当事人书面披露其接受的第三方出资的事实、性质、出资者姓名/名称和身份后，仲裁员和紧急仲裁员应立即主动向仲裁委员书面披露与第三方出资相关的可能引起对其独立性或者公正性产生合理怀疑的任何事实或者情况，仲裁委员会应当及时将仲裁员书面披露的信息转交当事人。

(三)对第三方出资报酬的酌情考虑

当仲裁程序结束，胜诉方寻求败诉方赔偿的费用通常包括律师费和诸如仲裁费用之类的费用，其中涉及第三方出资的费用是指第三方出资者为仲裁程序提供的部分或全部的费用(包括代被资助方支付的律师费等法律费用)，或者获取胜诉裁决后被资助方应向第三方出资者支付的报酬。众多仲裁规则都在裁定费用承担方面赋予仲裁庭较广泛的自由裁量的权力。《中国国际经济贸易仲裁委员会规则》第 52 条第 1 款[①]、ICSID 仲裁规则修订意见的工作组报告的第 49 条[②]、ICCA 报告[③]、《贸仲投资仲裁规则》以及《2018 中国香港国际仲裁中心仲裁规则》均赋予仲裁庭就第三方出资情形纳入当事人承担仲裁费用情形的自由裁量权。

但在国际仲裁实践中，裁量标准并未形成统一的做法。例如，在奥尼斯·卡达索普洛斯与罗恩·福奇诉格鲁吉亚案(Kardassopoulos and Fuchs v. The Republic of Georgi)中，ICSID 仲

① 仲裁庭有权根据案件的具体情况在裁决书中裁定败诉方应补偿胜诉方因办理案件而支出的合理费用。

② 仲裁费用(costs of proceedings)包括当事人的律师费和其他法律支出。

③ 报告指出裁决对费用分担的原则是，一般而言，在仲裁结束时，不应因为主张费用的一方存在第三方出资而拒绝承认此类费用可赔偿。

裁庭认为第三方出资协议不是确定胜诉方主张赔偿费用的考量因素。[①] ATA 建筑工贸公司诉约旦哈希姆王国案(ATA Construction, Industrial and Trading Company v. The Hashemite Kingdom of Jordan)以及 RSM 制造公司诉格林纳达案(RSM Production Corporation v. Grenada)一同确立的费用承担裁判标准是,败诉方赔偿胜诉方支出的法律费用只能是合理的法律费用,第三方出资者在胜诉后获得的报酬不属于法律费用。[②] 而一些国家法院的案例则认为约定的第三方出资胜诉报酬是当事人合理支出的其他费用,而仲裁员有权力作出这样的裁决。在爱萨油田服务公司诉诺斯科钻井管理公司案(Essar v. Norscot)中,英国高等法院审理了申请人申请撤销爱萨油田服务公司诉诺斯科钻井管理公司案(Essar v. Norscot)中作出的仲裁裁决之诉。[③] 法官支持把第三方出资胜诉报酬纳入赔偿的费用中,并没有把可赔偿的费用限制在法律费用上。仲裁案中的原告方故意通过不支付合同款项给被告方施加巨大的经济压力,知道被告无力承担庞大的仲裁费用而不能启动仲裁程序,仲裁庭认为这是重要的事实。而且被告与第三方签订的出资协议反映了标准市场价值,被告支付给第三方出资者的报酬是合理的支出费用。因此法院最终支持仲裁裁决,驳回申请人撤销裁决之诉,根据败诉方的行为过错而判定胜诉方第三方出资的

---

① Kardassopoulos and Fuchs v. The Republic of Georgi, ICSID Case Nos. ARB/05/18 and ARB/07/15, Award (3 March 2010).

② David P. Roney, Sidley Austin LPP et. al., Third-Party Funding in International Arbitration: New Opportunities and New Challenges, in Christoph Müller & Antonio Rigozzi (Eds), New Developments in International Commercial Arbitration 206 (Schulthess 2013).

③ Essar Oilfield Services Ltd. v. Norscot Rig Management Pvt Ltd, Queen's Bench Division (Commercial Court) 15 Sept. 2016, EWHC 2361 (Comm.).

报酬属于可赔偿费用之列，具有一定的灵活性。[①]

在学术研究上，就资助协议约定的向第三方资助者支付胜诉报酬是否可赔偿的问题也未达成一致。大多数学者认为，不属于可赔偿的范围，因为受资助方给予出资者的回报并不全是违约所造成的直接和必然损失，受资助方与第三方出资者签订资助协议约定"投资"与"回报"是其自身的自主选择和决定。[②] 也有部分学者认为，如果仲裁地法允许则属于可获补偿范围之列，因为基于恢复原状的考虑，受资助方提起仲裁并须给予出资者回报归咎于仲裁相对方的违约行为，因而有权请求恢复到假定仲裁相对人正常履行合同义务的情形。[③]

综上，第三方出资为仲裁程序支出的费用虽然不是直接由当事人支出的，但其本质上代替了当事人支付法律费用，不被法律禁止。仲裁庭有自由裁量权能够根据案件的具体情况在裁决中裁定败诉方应补偿胜诉方因办理案件而支出的合理费用，包括第三方出资为仲裁程序支付的费用。至于资助协议约定的向第三方出资者支付胜诉报酬是否可赔偿，学术界和司法实践均未对此达成共识，若支持以胜诉为条件的被资助当事人支付的资助报酬属于裁决判负的可赔费用之列，可能会产生过度赔偿的问题。但考虑到

① Ridhima Sharma, *Third Party Funding in International Commercial Arbitration*, 12 National University of Advanced Legal Studies Law Journal 66 (2018).

② Bernard Hanotiau, *The Parties' Costs of Arbitration*, in Yves Derains & Richard H. Kreindler eds., Evaluation of Damages in International Arbitration, Dossier IV of the ICC Institute of World Business Law (Paris: ICC Publish-ing, 2006), p. 213, 219; Jeff Waincymer, *Procedure and Evidence in International Arbitration*, Kluwer Law International, 2012, p. 1246; Michael W. Bühler, *Awarding Costs in International Commercial Arbitration: An Overview*, 22(2) ASA Bulletin (2004), p. 249.

③ Ashley Pigott & Martino Giaquinto, *Conditional Fees and Their Effect on Arbitration*, 66(4) The International Journal of Arbitration, Mediation and Dispute Management (2000), p. 266 – 267; Michael W. Bühler & Thomas H. Webster, *Handbook of ICC Arbitration, Commentary, Precedents, Materials*, 2nd edition, Sweet & Maxwell, 2008, paras. 31 – 27.

今后学说和实践的发展，仲裁庭在费用承担问题上具有一定的自由裁量权，不宜排除仲裁庭在个案中根据具体情况裁决败诉方应赔偿胜诉方支付的第三方出资的报酬的权利。因此，针对第三方出资对仲裁裁决费用承担的影响，《示范规则》第82条规定，在就仲裁费用承担作出最终裁决时，仲裁庭可以酌情考虑第三方出资情形。

四、创新之三：允许当事人选择应适用的实体"法律规则"

在国际商事仲裁的理论和实践中，当事人意思自治原则被充分尊重。国际商事仲裁不同于法院诉讼，当事人选法和仲裁庭适用法律的范围更广泛，其中就包括非国家法。与国际民事诉讼主流做法不接受当事人选择非国家法作为准据法不同，在国际商事仲裁中，无论是国家仲裁法、仲裁机构仲裁规则还是国际商事仲裁实践，都大量允许当事人选择法律规则，包括一法域有权机关的立法和国际商事统一实体法，以鼓励国际商事统一实体法的运用。

联合国的《国际商事仲裁示范法》第28条第1款允许当事人选择法律规则。[①] 根据联合国国际贸易法委员会的统计，截至2018年4月，世界上已经有80个国家在111个法域通过了以《国际商事仲裁示范法》为依据的立法。[②] 凭借《国际商事仲裁示范法》的强大影响力，仲裁当事人的实体法选择普遍不再局限于国家法，而是范

① 《国际商事仲裁示范法》第28条规定：(1)仲裁庭应按照当事各方选择的适用于争议实体的法律规则对争议作出决定。除非另有表明，指定适用某一国家的法律或法律制度应认为是直接指该国的实体法而不是其法律冲突规范。(2)如当事各方没有任何选择，仲裁庭应适用其认为可适用的法律冲突规范所确定的法律。(3)仲裁庭只有在当事各方明示授权的情况下，才应按照公允及善良原则或作为友好仲裁员作出决定。(4)在任何情况下，仲裁庭均应按照合同条款并考虑到适用于该项交易的贸易惯例作出决定。

② 《贸易法委员会国际商事仲裁示范法》状况，载联合国国际贸易法委员会网，http://www.uncitral.org/uncitral/zh/uncitral_texts/arbitration/1985Model_arbitration_status.html，最后访问时间2021年2月27日。

围更加广泛的法律规则。《国际商事合同法律选择原则》第3条允许当事人在诉讼和仲裁中选择国际、跨国家或区域范围内一套中立、平衡、被普遍接受的法律规则，这一规定虽不具有约束力，却具有较强的号召力。[①] 这种做法不仅提炼和总结了仲裁领域国际商事合同法律适用的理论与实践经验，还突破性地提出在诉讼中将非国家法纳入准据法范围，并规定了选法要求和限制。

1965年《关于解决国家和他国国民之间投资争端公约》第42条第1款规定，仲裁庭应依据双方同意的“法律规则”对争端作出裁决，从而赋予当事人法律选择的完全权利，如果无此种协议，仲裁庭应适用作为争端一方的缔约国法律（包括其冲突法规则）以及可能适用的国际法规则。从国际仲裁机构现行仲裁规则看，时至今日，允许当事人选择法律规则的理念已成国际商事仲裁界的共识。除国际商会仲裁院外，绝大多数世界主要常设国际仲裁机构，如伦敦国际仲裁院、斯德哥尔摩商会仲裁院、美国仲裁协会、德国仲裁院、瑞士仲裁协会、世界知识产权组织仲裁与调解中心、荷兰仲裁协会、意大利米兰商会仲裁院、俄罗斯联邦工商会国际商事仲裁院、澳大利亚国际商事仲裁中心、新加坡国际仲裁中心、中国香港国际仲裁中心等，均在其仲裁规则中明确规定了仲裁庭应当适用当事人选定的适用于争议实体的“法律规则”或“法律或法律规则”。非国家法已日益受到国际组织、仲裁机构以及各国的认可和接受，在仲裁领域内越发彰显出旺盛的生命力和蓬勃的发展趋势。[②]

① 《国际商事合同法律选择原则》第3条规定：“当事人所选择的法律可以是国际、跨国家或区域范围内作为一套中立、平衡规则被普遍接受的法律规则，除非诉讼地法律另有规定。”

② 参见黄瑞焰：《〈国际商事合同法律选择原则〉第3条研究》，浙江工商大学2018年硕士学位论文，第24页。

中国《仲裁法》第7条仅提及适用法，“仲裁应当根据事实，符合法律规定，公平合理地解决纠纷”。《涉外法律关系适用法》第41条肯定了法律选择上的当事人意思自治，但这些规则都没有明确规定当事人协议选择的“法律”是否包括条约等非国家法。2015年版《中国国际经济贸易仲裁委员会仲裁规则》（以下简称《贸仲规则》）第49条第1款规定“仲裁庭应当根据事实和合同约定，依照法律规定，参考国际惯例，公平合理、独立公正地作出裁决”，第2款则规定“当事人对于案件实体适用法有约定的，从其约定。当事人没有约定或其约定与法律强制性规定相抵触的，由仲裁庭决定案件实体的法律适用”，此规定与2012年版《贸仲仲裁规则》相同。而往前追溯，1994年、1995年、1998年、2000年、2005年五版《贸仲规则》都没有与第49条第2款对应的规则，即并未明确规定当事人的法律选择权利和第二位的仲裁庭自行决定法律适用的权利。而1988年版的《贸仲规则》则完全没有与第49条规定相对应的内容，没有涉及裁决的实体法依据问题。

在国际商事仲裁中，为了更加便利争端纠纷的解决，允许当事人选择法律规则是非常关键的一点。准据法的确定，必然涉及当事人法律选择的时间、方式、范围等问题，其中是否可以选择非国家法是范围问题。在跨境商事交易纠纷所适用的商事法律范畴内，国家法和非国家法各具特点。国家法的特点是权利和义务明确具体，并且在长期历史中形成了丰富的法律解释和既决案例，可以进一步帮助理解国家法。非国家法的内容往往覆盖面有限或规则存在模糊之处，特别是民商事国际条约，为了获得尽可能多国家的支持，必须在规则上妥协、在事项上限缩，也因为缺乏统一适用规则的裁判机构而难以形成统一解释适用。但非国家法也有其独特优势。国际商事仲裁中适用的实体非国家法表现为国际商事统一实体法,它最大的优势在于统一和中立。国际商事仲裁的双方当事人来自不同法域,适用任何一方法域的国家法,都天然对该方有利,国际商事统一实体法则是中立的,更能为双方当事人共同接受;对任何一方而言,了解国际商事统一实体法比了解对方的国家法更容易,因为国家法是一个庞大的体系,国际商事统一实体法则更易于查明而且由于其是统一的,可以反复适用于不同的交易,了解国际商事统一实体法的效用也更大。经过长期的形成发展和编纂,国际商事统一实体法表现为条约、商事习惯/惯例、一般商事法律原则等多种形式,可以灵活地结合运用。允许当事人选择适用国家法和非国家法,扩大了当事人选法的范围,是对当事人自由意志的充分体现和完美诠释,有利于快速高效地解决跨国商事交易纠纷。[①]

因此,本着自贸试验区制度创新、先行先试的精神,为与国际商事仲裁机构更好地接轨,在不与现行法律直接冲突的情况下,《示范规则》第93条规定允许国际商事仲裁当事人选择法律规则作为适用法。

五、结语

《示范规则》脱胎于我国商事仲裁制度的积极探索和改革实践,是我国商事仲裁制度积极向国际商事仲裁制度靠拢的重要一步。为了更好地促进自贸试验区的发展,《示范规则》在吸取国内其他自贸区仲裁规则先进经验的同时紧跟国际仲裁规则的发展前沿,拓展了仲裁协议的效力,采取多种方式提升了规则应对复杂交易的适用性,区分了依据中国法和国际商事仲裁中依据其他国家

① 参见寇丽:《现代国际商事仲裁法律适用问题研究》,知识产权出版社2013年版,第116页。

法律提出的保全和临时措施申请并设立了紧急仲裁员程序，专设了第三方出资章节，对其定义、披露义务以及裁决进行了阐述，而且允许当事人选择应适用的实体“法律规则”。

我们有理由相信，随着中国国际商事仲裁的发展，会有越来越多的当事人选择通过适用《示范规则》保护自身权益，《示范规则》能够为湖北自贸试验区争端解决提供科学合理的规则依据。而随着越来越多的选用和根据实践需要的不断完善，《示范规则》也能够为后续中国国际商事仲裁规则的发展提供建设性蓝本。

Abstract Hubei Free Trade Pilot Zone Arbitration Model Rule is made with extensive reference to domestic and international arbitration rules, scholarly research and arbitration practices. In particular, a distinction is made between applications for preservation and interim measures under Chinese law and applications for preservation and interim measures under the laws of other countries in international commercial arbitration and establish an emergency arbitrator process; a special section on third-party funding is set, legal rules is allowed to be chosen by parties as substantive applicable law, which together make the Hubei Free Trade Pilot Zone Arbitration Model Rule closer to the rules of internationally renowned arbitration institutions.

Keywords Hubei Free Trade Zone Pilot arbitration rules interim measures third party funding choice of substantive law

《新加坡调解公约》对我国商事调解与商事仲裁协同发展的影响①

宫步坦* 刘文昭**

摘　要　已于2020年9月12日生效的《新加坡调解公约》是国际商事纠纷解决制度的一项重大变革，是国际商事调解发展历史上的一个里程碑。《新加坡调解公约》填补了通过调解方式解决国际商事纠纷的和解协议无法在相关国家或地区予以执行的空白。《新加坡调解公约》与《纽约公约》《选择法院协议公约》共同构建起了调解、仲裁、审判三足鼎立的国际民商事争议解决及执行框架。《新加坡调解公约》的出台及生效，在给我国商事调解发展带来机遇与挑战的同时，也会对我国处理商事调解与其他解纷机制的关系，包括商事调解与商事仲裁的协同发展关系，产生一定影响。

关键词　《新加坡调解公约》　商事调解　商事仲裁　协同发展

① 本文系武汉仲裁委员会委托重点课题"调解与仲裁对接规则"(2018－2019WZKT00008)的阶段性研究成果。

* 湖北经济学院产业教授，武汉市法学会社会纠纷多元化解研究会会长。

** 武汉市法学会社会纠纷多元化解研究会会长助理。

《联合国关于调解所产生的国际和解协议公约》（United Nations Convention on International Settlement Agreements Resulting from Mediation，以下简称《新加坡调解公约》）2018年6月26日由联合国国际贸易法委员会正式批准，2018年12月20日在第73届联合国大会上通过。2019年8月7日，该公约在新加坡开放供各国签署，包括中国在内的46个国家成为首批签署国。截至2020年7月31日，共有53个国家签署了该公约，5个国家批准了该公约。根据该公约第14条规定，该公约于第三个国家批准后的6个月后生效。卡塔尔作为继新加坡与斐济之后第三个批准国，于2020年3月12日正式批准；该公约已于2020年9月12日起生效。

《新加坡调解公约》旨在解决国际商事调解达成和解协议的跨境执行问题，赋予调解所产生的国际商事和解协议强制执行力，促进国际商事和解协议的跨境流动。[①] 该公约填补了国际商事解纷机制在执行领域的空白，势必对国际商事调解，尤其是签署国的国际商事调解乃至商事调解产生重要影响，同时也会影响商事调解与其他解纷机制的协同发展关系。

我国作为《新加坡调解公约》的首批签署国，紧跟国际商事调解发展的趋势能为我国商事调解发展带来契机，同时也会对我国商事调解制度产生一定的影响。在营商环境法治化背景下，根据商事纠纷的特征重构我国商事调解制度，健全和完善商事纠纷解决机制，十分重要。从国际层面看，《新加坡调解公约》为当事人达成的国际商事和解协议的跨境执行，提供了统一有效的框架，必将

① “和解协议”一词在《中华人民共和国民事诉讼法》及相关司法解释中具有特定含义，在称谓和含义上均与调解书、调解协议有所区别。本文所述和解协议是指“适用于调解所产生的、当事人为解决商事争议而以书面形式订立的协议”。为保持与《新加坡调解公约》表述一致性，本文统一使用和解协议。

大大推动以调解方式解决国际商事纠纷。从国内层面看,特定政策背景下确立的中国商事调解制度雏形,必将迅速改写商事调解机构与商事审判机构、商事仲裁机构之间的格局关系和发展模式。[①] 概言之,《新加坡调解公约》带来的契机与冲击,并不仅局限于商事调解领域本身,也会延伸至商事调解与其他解纷机制,尤其是商事调解与商事仲裁的协同发展。

一、《新加坡调解公约》对我国商事调解发展的影响

调解是中国在其数千年的漫长过程中逐渐产生和发展起来的一种解决社会矛盾与冲突的重要方式。[②] 调解产生并植根于我国辽阔地域。长期以来,我国普遍认为商事调解从分类上应当属于人民调解的范畴。[③] 商事调解受以人民调解为基础的"大调解"政策影响巨大,导致我国商事调解的生存空间被一再压缩。主要的精力都集中在了人民调解制度的建设上,对更具专业性的调解机构的商事调解、仲裁机构的商事调解并没有投入更多的精力。[④] 在最高人民法院政策文件的传统语境中,"大调解"格局由人民调解、行政调解与司法调解组成,直至 2009 年,最高人民法院发布《关于建立健全诉讼和非诉讼相衔接的矛盾纠纷解决机制的若干意见》(以下简称《2009 年最高院若干意见》),提及"完善诉讼与仲裁、行政调处、人民调解、商事调解、行业调解以及其他非诉讼纠纷解决

① 参见宫步坦:《法治化背景下的商事调解制度重构》,载《民主与法制时报》2020 年 11 月 5 日,第 6 版。

② 参见沈四宝:《从北仲的一个典型国际调解案看中国商事调解制度的特点》,载《北京仲裁》2017 年第 1 期。

③ 《提高商事纠纷调解成功率的几点思考——以一起涉自贸区商事案件司法调解实例为视角》,载上海市法学会网 2019 年 1 月 9 日,https://www.sls.org.cn/levelThreePage.html?id=10265。

④ 参见刘晓红、徐梓文:《〈新加坡公约〉与我国商事调解制度的对接》,载《法治社会》2020 年第 3 期。

方式之间的衔接机制”，才首次将商事调解从人民调解中剥离出来，单独作为与诉讼、仲裁、人民调解等相并列、相平行的纠纷解决方式。

（一）对我国解决国际商事纠纷理念的影响

诉讼、仲裁、调解是解决商事争议的三大途径，执行相关判决、裁决、和解协议是定分止争的终极目标。[①] 法院判决因涉及法域之间的司法主权，跨境执行难度大，一直以来并不被国际商事争议当事人青睐。在20世纪中期以前，国际商事争议当事人更加倾向于通过调解解决争议；20世纪中期之后，仲裁才逐渐取代调解成为更受当事人偏好的争议解决方式。[②] 出现此种变化的一个重要原因在于1958年《纽约公约》赋予了国际商事仲裁裁决强制执行力，使仲裁裁决能在各缔约国之间得到承认与执行。调解所产生的和解协议性质上仅仅属于合同契约，缺乏强制执行力，这成为使用调解解决商事争议的最大障碍。[③] 据此可知，国际商事争议当事人选择何种争议解决方式考虑的一个重要因素就是解纷结果是否具有强制执行力。《新加坡调解公约》的诞生是对调解越来越多地在国内和国际商务实践中得到运用的有效回应，是商事纠纷当事人调解需求在国际社会的集大成体现。

《新加坡调解公约》赋予和解协议强制执行力，折射出国际社会对当事人高度意思自治的普遍认可。与《纽约公约》相较，《新加

---

① 参见温先涛：《〈新加坡公约〉与中国商事调解——与〈纽约公约〉〈选择法院协议公约〉相比较》，载《中国法律评论》2019年第1期。

② See S. I. Strong, *Beyond International Commercial Arbitration? The Promise of International Commercial Mediation*, 45 Wash, U. J. L. & Poly. (2014), p. 12. 转引自陈铭龙：《〈新加坡调解公约〉视角下国际和解协议的执行》，载《研究生法学》2019年第4期。

③ 参见杨秉勋：《〈新加坡调解公约〉与我国调解制度的新发展》，载《人民调解》2020年第1期。

坡调解公约》不再使用“承认”(recognition)的提法,开创性地规定了“直接执行机制”,略过对和解协议的承认,直入执行程序,凸显了对当事人意思自治的高度认可。

《新加坡调解公约》对我国解决国际商事纠纷理念产生的影响,一个重要体现是加强商事调解在涉“一带一路”国际商事纠纷中的适用。2015 年 6 月 16 日,最高人民法院发布《关于人民法院为“一带一路”建设提供司法服务和保障的若干意见》(以下简称《2015 年意见》),提出“支持中外当事人通过调解、仲裁等非诉讼方式解决纠纷。要进一步推动完善商事调解、仲裁调解、人民调解、行政调解、行业调解、司法调解联动工作体系”。2018 年 6 月,中共中央办公厅、国务院办公厅印发《关于建议“一带一路”国际商事争端解决机制和机构的意见》(以下简称《2018 年两办意见》),提出支持“一带一路”国际商事纠纷通过调解、仲裁等方式解决;对当事人之间的跨境商事纠纷,国际商事专家委员会根据当事人自愿原则先行调解;支持具备条件、在国际上享有良好声誉的国内调解机构开展涉“一带一路”国际商事调解。2018 年 11 月 13 日,最高人民法院确定首批纳入“一站式”国际商事纠纷多元化解决机制的国际商事仲裁及调解机构,将中国国际贸易促进委员会调解中心、上海经贸商事调解中心作为首批纳入该机制的调解机构。2019 年 12 月 9 日,最高人民法院《关于人民法院进一步为“一带一路”建设提供司法服务和保障的意见》(以下简称《2019 年意见》)提出“大力支持国际仲裁、调解发展,完善新型国际商事争端解决机制”“拓展国际商事法庭‘一站式’纠纷解决平台的国际商事仲裁机构、国际商事调解机构名单”“在国际商事案件中贯彻调解优先原则,当事人同意的,可在任何阶段共同选择国际商事专家委员,国际商事调解机构或国际商事法庭进行调解”“积极发挥侨联、行业协会、商会等民间组织和机构力量，支持建立国际商事纠纷联合调解机制，促进纠纷的简便平和解决”。

从最高人民法院在我国签署《新加坡调解公约》后发布的《2019 年意见》与之前的《2015 年意见》《2018 年两办意见》对比，可一窥在签署《新加坡调解公约》前后我国解决国际商事纠纷理念的变化。第一，《2015 年意见》和《2018 年两办意见》都是支持调解，《2019 年意见》则变成了“大力”支持调解，加强了对调解的支持力度；第二，《2018 年两办意见》提出国内调解机构开展涉“一带一路”国际商事调解，《2019 年意见》则拓展“国际商事调解机构”名单，推动和发展专业商事调解组织，国际商事调解进入实操层面；第三，《2018 年两办意见》提出的是国际商事专家委员会根据当事人自愿原则先行调解，即在启动诉讼或仲裁程序前，当事人有权利申请由国际商事专家委员会先组织调解，《2019 年意见》则首次提出“在国际商事案件中贯彻调解优先原则”，并且当事人可随时进行调解，也可以根据自身意愿选择国际商事专家委员、国际商事调解机构或国际商事法庭进行调解，而不仅局限于由国际商事专家委员会先行调解，充分尊重当事人调解的意思自治。

《新加坡调解公约》对我国解决国际商事纠纷理念转变的影响已初露端倪。《新加坡调解公约》所折射出来的对当事人意思自治高度认可的理念，势必也会促使今后我国在解决国际商事纠纷时更加趋同于这一理念。

（二）对我国商事调解定位的影响

《2009 年最高院若干意见》首次出现了“商事调解”的身影，并将商事调解也列为大调解的一种，与人民调解、法院调解、行政调解并列。[①] 但一直以来，我国关于调解的规定分布在各部门法和司法解释中。2010 年我国虽出台了《人民调解法》，但《人民调解法》并未规定商事调解。2019 年最高人民法院、全国工商联印发了《关于发挥商会调解优势推进民营经济领域纠纷多元化解机制建设的意见》，提到具备条件的商会可以成立专业的商事调解组织。但至今仍然缺乏系统的调解法律，也并无商事调解统一立法。实践中商事调解参照的法律主要是《人民调解法》。[②] 这也导致商事调解普遍被认为属于人民调解的范畴，模糊了商事调解与人民调解的界限，借助于《新加坡调解公约》的出台，有助于厘清商事调解的地位。

《新加坡调解公约》是商事调解发展历史上具有里程碑式意义的文件，被法律界人士誉为调解领域的《纽约公约》，更有评论将其与国际商事仲裁领域的《纽约公约》以及国际商事诉讼领域的《承认与执行外国民商事判决公约》一起称为国际民商事承认与执行领域的"三驾马车"。[③] 在此之前，诉讼、仲裁、调解虽然被视为解决国际商事纠纷的三大途径，但调解所达成的和解协议缺乏强制执行力，使调解的功效大打折扣，调解的地位略低一筹。在《新加坡调解公约》将国际商事调解提升至与国际商事仲裁、国际商事诉讼同一高度的国际大背景下，我们必须重新审视商事调解在商事解纷机制中的独立性地位。

但由于我国长期以来"大调解"格局的影响，商事调解独立性

---

① 参见刘虹豆：《论我国商事调解制度的困境与应然走向——兼谈其在〈新加坡公约〉背景下的定位》，载《怀化学院学报》2020 年第 2 期。

② 同上。

③ 参见陈洁：《我国国际和解协议准予救济制度的构建——以〈新加坡调解公约〉的签署为契机》，载《东南大学学报（哲学社会科学版）》2020 年第 2 期。

地位的塑造并非一蹴而就，应是循序渐进的发展过程。主要可从以下两方面重新定位商事调解：(1)从调解向内自省而言，商事调解必须占据独立的一席之地，不应作为某一类别调解如人民调解、行业调解等的子调解类别。如将调解看作一个夹心水果蛋糕，商事调解应是从整个蛋糕切出来的一块，非为某一块里面的水果夹心存在。(2)从调解对外延伸而言，商事调解应作为与商事诉讼、商事仲裁相并行的独立的解纷机制，非为商事诉讼或商事仲裁附属的程序性工具。

值得注意的是，通过对比上文提及的三个意见可知，《2015 年意见》强调了完善商事调解与其他形式调解的联动工作体系，《2018 年两办意见》强调了积极培育并完善诉讼、仲裁、调解有机衔接的争端解决服务保障机制，推动建立诉讼与调解、仲裁有效衔接的多元化纠纷解决机制，《2019 年意见》则对上述两点均未予提及，更加强调的是“在国际商事案件中贯彻调解优先原则”，建立“商事纠纷联合调解机制”，弱化了商事调解和其他调解的关联性，以及商事调解和商事诉讼、商事仲裁的关联性，突出了商事调解的独立性与自成体系性。

二、《新加坡调解公约》对我国当前商事调解与商事仲裁协同发展模式的影响

当前，我国商事调解与商事仲裁协同发展，主要表现为由仲裁机构对和解协议的效力予以确认的确认仲裁模式和仲裁中调解(Arb-Med)的仲调结合模式。鉴于《新加坡调解公约》是针对国际商事调解所产生和解协议的执行，在当前我国商事调解法律体系及制度框架未有大变动的情况下，《新加坡调解公约》对我国商事调解与商事仲裁结合的影响将主要体现在国际(涉外)商事调解与

商事仲裁方面,对国内(非涉外)商事调解与商事仲裁的影响则会有不同的可能性:一是《新加坡调解公约》先作用于国际(涉外)商事调解与商事仲裁,通过此种作用倒逼国内(非涉外)商事调解和商事仲裁与国际发展接轨,形成内外一致的单轨制发展体制;二是分化国际(涉外)商事调解与商事仲裁、与国内(非涉外)商事调解和商事仲裁的发展路径,形成内外有别的双轨制发展体制。在不确定性影响下,本部分将主要从国际(涉外)商事领域论述《新加坡调解公约》对确认仲裁及仲裁中调解模式的影响。

(一)我国当前商事调解与商事仲裁协同发展的主要模式

在当前的商事调解体系中,因调解产生的和解协议仅具有民事合同性质,履行和解协议要么基于当事人"头顶上的星空和内心的道德准则",要么依赖于仲裁机构的仲裁确认或法院的司法确认赋予其强制执行力,或者更甚者,在以调解解决此纠纷后,当事双方因履行和解协议发生争议后再将因调解产生的和解协议作为纠纷诉诸法院或仲裁机构。在此情形下,商事调解与商事仲裁结合的一个重要表现就是当事人合意由仲裁机构对和解协议的效力予以确认,即确认仲裁,其与司法确认具有殊途同归之感。此外,仲裁中调解(Arb-Med)模式历经60年的发展,也成为我国商事调解与商事仲裁协同发展的一个典型模式。

1. 确认仲裁模式

确认仲裁,首创于武汉仲裁委员会。武汉仲裁委员会从1998年开始涉足确认仲裁;2007年,确认仲裁正式进入《武汉仲裁委员会仲裁规则》。确认仲裁,是指仲裁庭根据当事人的请求和仲裁规则,对当事人之间签订的合同或就解决争议达成的和解协议进行审理,依法对合同或和解协议的效力予以裁决的仲裁行为。[①] 2002年最高人民法院《关于审理涉及人民调解协议的民事案件的若干规定》第1条明确了“经人民调解委员会调解达成的、有民事权利义务内容,并由双方当事人签字或者盖章的调解协议,具有民事合同性质”,同样,商事和解协议亦具有合同性质。2016年,最高人民法院发布《关于人民法院进一步深化多元化纠纷解决机制改革的若干意见》(以下简称《2016年最高院若干意见》),提出“经行政机关、人民调解组织、商事调解组织、行业调解组织或者其他具有调解职能的组织调解达成的具有民事合同性质的协议,当事人可以向调解组织所在地基层人民法院或者人民法庭依法申请确认其效力”,这是最高人民法院第一次明确规定人民调解协议之外的其他调解协议也能够适用司法确认程序。[②] 根据我国《仲裁法》第19条第2款之规定“仲裁庭有权确认合同的效力”,由仲裁庭对具有合同性质的和解协议效力予以裁决,将和解协议转化为具有强制执行力的仲裁裁决,以此弥补和解协议缺乏强制执行力的不足。

2. 仲裁中调解模式

仲裁中调解(Arb-Med),即通常所说的仲调结合,是指在仲裁程序进行过程中,由仲裁员对案件进行调解,调解不成后或调解成功后再恢复进行仲裁程序。该做法在中国最早源于中国国际经济贸易仲裁委员会在20世纪50年代开始的仲裁实践。[③] 1994年颁布的《仲裁法》第51条规定“仲裁庭在作出裁决前,可以先行调解。

① 参见武汉仲裁委员会编:《武汉仲裁委员会仲裁规则释义及适用指南》,法律出版社2015年版,第222页。

② 参见宫步坦:《集中化解社会矛盾纠纷急需运用线上线下联动的律师调解平台》,载《中国司法》2020年第5期。

③ 参见王生长:《仲裁与调解相结合的理论与实务》,法律出版社2001年版,前言。

当事人自愿调解的，仲裁庭应当调解。调解不成的，应当及时作出裁决。调解达成协议的，仲裁庭应当制作调解书或者根据协议的结果制作裁决书。调解书与裁决书具有同等法律效力”；1995 年 7 月 28 日国务院办公厅发布的《仲裁委员会仲裁暂行规则示范文本》将该条内容写入其中；各仲裁委员会仲裁规则基本上都采纳了该条作为践行“仲裁中调解”的法律依据。经近 60 年的发展，仲裁中调解模式在解决纠纷中起到了重要作用，从表 1 数据可窥一斑。

表 1　2014～2019 年以调解和解方式结案的案件数量

年份	仲裁委员会数量/家	仲裁案件数/件	调解和解方式结案/件	调解和解方式结案占比
2014	235	113, 660	74, 200	65%
2015	244	136, 924	56, 659	41%
2016	251	208, 545	121, 717	58%
2017	251	239, 360	69, 450	29%
2018	255	544, 536	140, 281	26%
2019	253	486, 955	85, 980	18%

资料来源：中国国际经济贸易仲裁委员会发布的 2014 年、2015 年、2016 年、2017 年、2018～2019 年和 2019～2020 年《中国国际商事仲裁年度报告》。

（二）《新加坡调解公约》对确认仲裁模式的影响

在《新加坡调解公约》赋予了国际商事和解协议强制执行力的情况下，国际和解协议的强制执行与否将不再依赖于法院或仲裁机构对于和解协议效力的确认，而是在公约国之间可直接依据《新加坡调解公约》申请执行。那么在国际商事领域，确认仲裁的生存空间将会受到挤压。在《新加坡调解公约》目前远未达到《纽约公约》如此高参与度的情况下，该种影响可能会被质疑，因为在非《新加坡调解公约》公约国之间,还是需要将和解协议转化为在《纽约公约》项下具有可执行性的仲裁裁决。但仲裁庭根据当事人在提起仲裁前已达成的和解协议作出的“仲裁裁决”并不足以构成美国法院承认与执行的仲裁裁决。[①] 此对仲裁确认提出了新的挑战与困境。在《新加坡调解公约》的影响下,促使我们重新审视在国际商事调解与商事仲裁中确认仲裁的作用。

(三)《新加坡调解公约》对仲裁中调解模式的影响

在仲裁中调解模式下,仲裁庭调解成功后有两种结案方式:(1)仲裁庭制作调解书;(2)仲裁庭根据调解协议的结果制作裁决书。那么,调解书与裁决书是否具有同等效力呢?从可否直接向人民法院申请强制执行而言,因调解书或裁决书皆由仲裁庭作出,《仲裁法》第51条规定“调解达成协议的,仲裁庭应当制作调解书或者根据协议的结果制作裁决书。调解书与裁决书具有同等法律效力”;根据《仲裁法》第六章和《民事诉讼法》第二十六章,由仲裁庭制作的调解书与裁决书可作为向人民法院申请强制执行的依据。但从能否根据《纽约公约》申请承认与执行而言,调解书与裁决书并不具有同等法律效力。因《纽约公约》调整范围是仲裁协议和仲裁裁决书,故该类调解书不能向《纽约公约》缔约国申请强制执行。[②]

那么该类调解书在不适用《纽约公约》的情况下,能否适用《新加坡调解公约》在公约国得到执行呢?《新加坡调解公约》第1条第3款规定“本公约不适用于:(a)以下和解协议:(一)经由法院批准或者系在法院相关程度过程中订立的协议;和(二)可在该法院所在国作为判决执行的协议;(b)已记录在案并可作为仲裁裁决执

① 参见胡伟峰:《“和解协议”非“仲裁裁决”问题分析》,载《世界海运》2019年第7期。

② 参见蒋一鸣:《仲裁中调解模式研究》,华东政法大学2019年硕士学位论文,第10页。

行的协议”,主要在于如何理解(b)款所述的“可作为仲裁裁决执行的协议”是指该协议能在国内可作为仲裁裁决执行还是指依照《纽约公约》可作为仲裁裁决执行？如果是前者,那么该调解书将不能适用《新加坡调解公约》在缔约国申请执行,如果是后者,在该类调解书不能依据《纽约公约》作为仲裁裁决执行的情况下,该类调解书即可被纳入《新加坡调解公约》的适用范围。

国内学术界普遍认为,《新加坡调解公约》第1条第3款将经法院与仲裁机构调解形成的和解协议明确排除在适用范围外。[①] 因此,仲裁庭制作的调解书并不适用《新加坡调解公约》。在仲裁庭制作的调解书既无法适用《纽约公约》作为仲裁裁决在缔约国申请承认与执行,也无法适用《新加坡调解公约》作为和解协议在缔约国申请执行的困境下,那么势必对仲裁庭制作调解书结案方式造成冲击,进而对仲裁中调解的仲调结合模式产生一定的冲击,尤其是在国际商事仲裁案件中。

三、借助《新加坡调解公约》推动我国商事调解与商事仲裁协同发展的几点思考

首先,重新定位商事调解,重新审视商事调解与商事仲裁的关系。一直以来,我国商事调解并不具有独立的地位,加之因调解达成的和解协议需要依赖仲裁予以确认,才能赋予其强制执行力,造成了商事调解在与商事仲裁的关系中更多地体现了一种从属性。

① 参见赵平:《〈新加坡调解公约〉与中国调解法律体系的衔接》,载《中国律师》2019年第9期(“但《公约》第1条第3款将经法院与仲裁机构调解形成的和解协议明确排除在适用范围外”);陈铭龙:《〈新加坡调解公约〉视角下国际和解协议的执行》,载《研究生法学》2019年第4期(“因此司法和仲裁过程中调解形成的和解协议应当排除《公约》的适用”);《〈新加坡调解公约〉的意义和在中国的适用》,载法制网,http://www.legaldaily.com.cn/Arbitration/content/2019-08/08/content_7959177.htm。(当事人如果是在法院诉讼或者仲裁机构仲裁的过程中所形成的和解协议,将被本公约排除适用)

无论是确认仲裁模式还是仲裁中调解模式，商事调解都仅仅只是解纷的手段，而非一种具有独立性的解纷机制。《新加坡调解公约》映射出解决国际商事纠纷理念的变化，在国际商事调解领域更加注重当事人的意思自治，促使我们重新审视商事调解的地位，重新审视商事调解与商事仲裁的关系。笔者认为，协同发展的探索应以商事调解作为独立的解纷机制为前提，将商事调解与商事仲裁视作相互独立又相互联系的两个解纷机制。在尊重两者独立性的基础上，分析厘清两者的共同性与差异性，找到最佳的协同点，通过高效可行的协同机制，促使两种纠纷机制发挥最大效能。

其次，《新加坡调解公约》对我国当前商事调解与商事仲裁协同发展的模式会造成一定冲击，此种冲击更多体现在国际商事方面。因此，在现有的法律框架下，无论未来国际与国内是并行的单轨制还是分扬的双轨制，在当下探索协同机制时，必须注重内外有别的差异化。然从长远发展的角度而言，我们应全面整体地探索商事调解与商事仲裁协同发展的新路径，注重内外一致协同发展机制的研究与探索。

再次，根据《新加坡调解公约》与《纽约公约》的差异性和对接路径，注重商事调解与商事仲裁协同争议解决方案的高效设计。在这两个公约的公约国并非完全重合的情况下，哪些情况下适合调解、哪些情况下适合仲裁，将是一门高深的学问。此要求在国际商事调解与商事仲裁实践当中，包括调解组织及调解员、仲裁机构及仲裁员等在内的参与争议解决的各方主体，甚至前期把控法律风险的主体包括律师、法务等，对两个公约的内容及适用应具有精深的了解与认知；这样才能通过合理高效的争议解决方案设计，最大限度维护当事人的合法权益，以使调解与仲裁切实为国际商事主体开展国际商事活动保驾护航。

最后,注意商事调解与机构仲裁、商事调解与临时仲裁的差异化协同机制探索。另一个虽受《新加坡调解公约》影响不大,但在探索商事调解与商事仲裁协同发展时所不可忽略的内容,是应注意区分商事调解与机构仲裁、商事调解与临时仲裁的差异化协同发展机制。从世界范围看,临时仲裁是国际上普遍使用的一种民商事争议解决手段,它与机构仲裁相辅相成,相互融合,在纠纷的解决中各自发挥着作用。[①] 2016 年 12 月 30 日,最高人民法院印发《关于为自贸试验区建设提供司法保障的意见》,我国开始尝试在自由贸易试验区内探索临时仲裁。然而,在我国境内作出的临时仲裁裁决与在境外作出的临时仲裁裁决,法律效力不一样:境内作出的临时仲裁裁决必须通过仲裁机构的转化才能在法院进行司法审查;根据《纽约公约》及我国相关法律法规的规定,境外临时仲裁裁决可以直接在我国法院进行司法审查,无须通过仲裁机构的转化。在长期司法实践中,我国对约定在境外通过临时仲裁方式解决争议的仲裁条款效力予以认可,对境外临时仲裁裁决予以承认和执行。因此,在当前机构仲裁与临时仲裁处于完全不同发展阶段,且对境内、境外临时仲裁裁决持差异化对待的情形下,应注意根据机构仲裁与临时仲裁的不同特点探索与商事调解的差异化协同发展机制。

总之,《新加坡调解公约》既为我国商事调解发展带来了契机,也提出了挑战。《新加坡调解公约》不仅影响商事调解本身,而且对商事调解与其他纠纷解决机制的协同发展提出了新要求。特别

① 参见宫步坦:《中国临时仲裁肇端的政策背景与未来走向》,载《民主与法制时报》2017 年 4 月 27 日,第 7 版。

是在《新加坡调解公约》与《纽约公约》并行的框架下，探索我国商事调解与商事仲裁协同发展具有深远的意义。构建一套高效可行的、相互独立又相互联系的商事调解与商事仲裁协同发展体系，有助于充分发挥调解与仲裁各自的效能，最大限度实现调解与仲裁的优势互补，最大限度实现定分止争，维护当事人合法权益，维护社会和谐公正。

Abstract The Singapore Mediation Convention, which came into force on September 12, 2020, heralds a major innovation in the global commercial dispute resolution system and a milestone in the history of the development of international mediation. The promulgation of the Convention fills in the gap that the international settlement agreements arising from mediation cannot be enforced in relevant countries or regions. The three conventions, namely, the Singapore Mediation Convention, the New York Convention and the Convention on the choice of Court Agreements, established an implementation framework for mediation, arbitration and judgment. The Singapore Convention will not only bring China opportunities as well as challenges to the development of commercial mediation, but also have a profound impact on the relationship between commercial mediation and other dispute resolution mechanisms, including but not limited to the coordinated development of commercial mediation and commercial arbitration.

Keywords the Singapore Convention commercial mediation commercial arbitration coordinated development

优化营商环境视角下武汉市 PPP 项目仲裁服务的路径抉择研究①

陈俊涛* 郑世界** 杜 涛*** 周 杨****

摘 要 本研究立足于武汉市 PPP 项目争议解决机制的现状,从“一带一路”的背景出发,分析当前武汉市 PPP 项目争端仲裁解决机制存在的困难,主要包括仲裁解决方式使用范围窄、仲裁规则不能满足争议解决需要、裁决无法得到普遍承认和执行,以及营商环境方面存在的商事制度改革协同推进需要进一步提升、办事服务环境还需要进一步优化、PPP 项目公共服务能力需要进一步提高等方面的困难。在对 ICSID 争议解决机制、NAFTA 争端解决机制、TPP 争端解决机制争议解决经验总结和借鉴的基础上,提出武汉市应从打造仲裁规则创制高地、打造仲裁特色品牌高地、打造仲裁人才集聚高地入手,加强 PPP 项目仲裁服务。并从加快商事制度改革向纵深推进、持续推进 PPP 项目健康发展两大方面入手,提

① 本文系武汉仲裁委员会 2018 ~ 2019 年仲裁理论和实务研究一般课题“加强 PPP 项目仲裁服务,助力武汉营商环境优化”的研究成果。

* 湖北省 PPP 研究院研究员。

** 湖北省个体私营经济发展中心非公党建部副部长。

*** 武汉市战略发展研究院研究员。

**** 武汉政府与社会资本合作仲裁服务中心主任。

出了营造有利于武汉市PPP项目持续运营的营商环境的政策建议。

关键词 营商环境 武汉市 PPP项目 仲裁服务

武汉市作为我国国内最早推行PPP项目的城市之一，在PPP项目交易规则、风险分配、投资管理、项目监管架构等方面积累了宝贵的经验，取得了项目总投资额和入库项目数分别位居全国19个副省级及以上城市第2位和第5位的较好成绩。然而，武汉作为连接“一带一路”和长江经济带的重要节点，未来武汉市PPP项目也会呈现多元化、多样化、复杂化的特征，这样就给武汉PPP项目争议解决带来了巨大的挑战。仲裁作为发达国家解决商事纠纷的主要手段，是一种国家化程度极高的争端解决制度，具有高效、灵活、充分尊重当事人意思自治等特点。因此，本文立足于武汉市PPP项目争议解决机制的现状，从“一带一路”的背景出发，分析当前武汉市PPP项目争端仲裁解决机制存在的困境，在对国际投资争议解决经验总结和借鉴的基础上，提出具有针对性、可操作性、实用性的对策建议。

一、武汉市PPP纠纷仲裁解决现状

（一）PPP纠纷概述

1. PPP纠纷概念界定

PPP纠纷是指基于PPP模式所产生的争议，主要表现在违约方面，具体包含政府违约与社会资本违约。就社会资本而言，违约将面临民事违约责任或行政责任；政府违约责任则视其违约行为——PPP争端性质而定。

2. 我国 PPP 纠纷呈现的新特征

"十三五"期间,我国经济步入新常态,PPP 项目争端呈现争议类型和诉求多元化、纠纷主体多样化、处理难度不断加大等特征。

(1)PPP 争议的类型和诉求呈现多元化。从争议类型来看,案件纠纷涵盖刑事、行政和民事领域,主要集中在民事领域。具体可以分为:PPP 合同条款的理解问题;情事变更的适用问题;项目运营质量的评价问题;因政府特许经营协议的履行、解除、终止、回购等引发纠纷;因 PPP 项目投标引发的返还投标保证金纠纷和履行投标保函纠纷;因土地使用税引发的争议;PPP 项目公司股东的股权转让纠纷;PPP 项目后续的施工合同因缺乏规划许可证导致无效纠纷;因 PPP 项目引发的贷款纠纷、应收账款质押纠纷;等等。

(2)PPP 纠纷的主体呈现多样化。PPP 模式中涉及多重法律关系主体和多重法律关系,包括政府、社会投资人、项目公司、融资方、担保公司、保险公司、承包商、运营商、原料购买商、购买方等,社会资本的成分多样,引发的纠纷也较为多元。此外,随着"一带一路"倡议的推行,海外工程 PPP 项目引发的纠纷也逐渐显现。

(3)PPP 争议的处理难度逐渐加大。由于现阶段 PPP 立法供给不足,没有专门的 PPP 法律和行政法规,对于 PPP 的规范主要系部门规章、地方性法规、政策性文件等,效力层级比较低,缺乏统一的 PPP 法律体系,导致法院审理 PPP 纠纷没有明确的法律规则参考,司法的不确定因素增大。而且,PPP 是一个系统工程,涉及土地、税收、特许经营、环保、价格、财政、金融等多个领域,对于 PPP 纠纷的处理需要综合运用法律、经济、社会等多种方法,处理难度较大。

（二）武汉市PPP纠纷仲裁解决机制

1. 武汉市PPP纠纷仲裁解决的可行性

（1）仲裁的“三大特征”为武汉市PPP纠纷解决提供了便捷的途径。首先，仲裁的专业性符合了PPP纠纷专业性较强的要求。PPP纠纷通常专业性较强且法律关系复杂，加之PPP涉及领域众多，对纠纷解决者的专业性提出了非常高的要求。法院法官虽然也具有较强的司法专业性，但对PPP项目特有专业性深入研究普遍不足，且受自身办案类型限制明显。而仲裁机构不受地域限制，仲裁机构名册中有不同领域资深PPP专家，可供当事人更大范围自主性选择，更好地满足PPP纠纷多项专业性的要求。其次，仲裁的中立性满足了PPP纠纷解决对公正的追求。公平公正是对所有纠纷解决机制的最终要求。协调、调解等方式因是当事人的自愿选择，自然能够更好地满足公平公正的要求。诉讼特别是其中的行政诉讼，当前受各种因素的影响，社会公信力尚有待提高，尤其是当一方主体是政府时，受中国传统行政法惯性思维影响，相对人一方总是心存顾虑，这势必影响纠纷调处的效率和效果。而仲裁，由于仲裁机构、仲裁员等都是由双方自行选择的，其独立性、中立性明显高于诉讼，因而能够较好地保证结果的公平公正。最后，仲裁的保密和高效契合了PPP纠纷的特殊性。PPP案件通常还具有较强的社会敏感性，其处理结果不仅关系当事人的经济利益，也关乎公共产品和服务的持续稳定供给。因而在案件处理过程中，既要注意适度的保密，以维护社会稳定和当事人经济利益，又要重视提高纠纷化解效率。因为久拖不决的PPP纠纷，会对投入巨大的双方造成重大损失，特别是社会资本方，其抗风险能力相对较差，难以承受“马拉松式”诉讼。仲裁以不公开审理为原则，可以较好地满足当事人对保密性的要求，同时，仲裁程序简单且灵活，采取一裁终局原则，可以高效解决 PPP 纠纷。

（2）领导高度重视为 PPP 纠纷仲裁解决创造了良好的政策环境。PPP 模式在解决地方政府财政资金短缺，化解地方政府性债务风险方面起到了关键性作用，不仅是政府融资工具，更是落实党的十九届四中全会精神的一项重要举措，是推进国家治理体系与治理能力现代化的必然选择。党的十八届三中全会提出，“允许社会资本通过特许经营等方式参与省市基础设施投资和运营”。2015 年 5 月 13 日，李克强总理主持召开国务院常务会议，部署推广政府和社会资本合作（Public-Private Partnership，PPP）模式。湖北省委省政府高度重视 PPP 模式的高质量发展。早在 2017 年，湖北省委书记蒋超良在“中国共产党的故事——供给侧结构性改革”专题宣介会上即指出推进政府和社会资本合作模式。2019 年，湖北省委十一届五次全体（扩大）会议强调要全力以赴打好打赢三大攻坚战。规范有序推进 PPP 工作，建立合法合规的 PPP 二级市场，是助力打好三大攻坚战的有效途径。

（3）武汉市 PPP 行业协会组织及智库资源为 PPP 纠纷仲裁解决提供了坚实的基础。武汉部属省属高等院校和科研院所云集，拥有一大批国家和省级 PPP 专家，PPP 行业协会组织及 PPP 研究院智库建设均走在全国前列。2016 年 4 月，武汉率先建立了全国首家 PPP 促进会——武汉市公共服务和社会资本合作促进会；2016 年 10 月，率先成立了全国首家 PPP 研究院——武汉市公共服务与社会资本合作研究院；2017 年 1 月 18 日，率先成立了全国首家省级 PPP 研究院——湖北省 PPP 研究院；2017 年 3 月 1 日，由湖北省 PPP 研究院主推，国有企业发起筹建了武汉 PPP 交易中心

(筹);2017 年 8 月 1 日,成立了由著名经济学家、国家发改委副秘书长范恒山同志担纲名誉院长的武汉大学中国中部发展研究院 PPP 研究中心;2017 年 12 月 6 日,武汉仲裁委员会[“一带一路”(中国)仲裁院]联合武汉市 PPP 研究院成立了“一带一路”(中国)仲裁院 PPP 仲裁中心。至此,湖北武汉的 PPP 行业形成了“一会两院三中心”的新格局。

(4)先行先试的探索为武汉市 PPP 纠纷仲裁解决提供了成功的经验。2018 年,由“湖北省长江社会资本与政府合作研究院”等 PPP 关联企业发起,并经武汉市人民政府相关职能部门审批核准的“武汉政府与社会资本合作仲裁服务中心”,在以下方面,为武汉市 PPP 纠纷仲裁解决积累了成功的经验:开展仲裁法律制度研究,推广仲裁调解制度,组织相关会议培训;受委托为仲裁机关和相关机构团体提供行业信息、专业咨询和创新发展等支持服务,为政府与社会资本合作项目提供绩效考核和交易评估服务;为政府与社会资本合作交易、仲裁提供多元化解的调解服务;资信调查与评估,仲裁调解,法律咨询、商事认证;为仲裁机关等政府及社会职能部门、其他社会团体、企业提供仲裁咨询、调解争议解决方案等全流程咨询服务;开展国际合作和交流,为企业在境外参加仲裁(调解)活动提供咨询服务等。

2. PPP 纠纷仲裁解决机制的使用范围

(1)仲裁解决争端的基本原则。我国《仲裁法》第 2 条规定:“平等主体的公民,法人和其他组织之间发生的合同纠纷和其他财产权益纠纷,可以仲裁。”这里明确了 3 条原则:一是发生纠纷的双方当事人必须是民事主体,包括国内外法人、自然人和其他合法的具有独立主体资格的组织;二是仲裁的争议事项应当是当事人有权处分的；三是仲裁范围必须是合同纠纷和其他财产权益纠纷；四是行政争议不能裁决。因而，PPP 纠纷仲裁的前提是有仲裁约定且争端具有可仲裁性。

（2）PPP 纠纷仲裁的适用范围。根据混合争端理论，PPP 争端包含行政性争端和民事性争端，往往多发生于合同领域，那么只有 PPP 合同争端中的具备民事性质的部分才能约定仲裁，然而现行《行政诉讼法》中仅对特许经营协议纠纷适用行政程序进行了规定，并未对特许经营协议中不同性质的各部分内容进行具体划分，且 PPP 协议中的民事与行政争端也较难界定，致使预设的仲裁条款效力未知。PPP 项目合同履行过程中所发生的涉及项目建设、运营、移交过程中产生的纠纷（不属于行政管理领域的纠纷），应属于平等主体之间发生的合同纠纷和其他财产权益纠纷，可以通过约定的仲裁条款，纳入仲裁的受案范围；而涉及行政管理领域的纠纷，则不能通过约定的仲裁条款将该纠纷纳入仲裁的受案范围。

二、武汉市 PPP 纠纷仲裁解决存在的困境分析

经过多年的探索与实践，武汉市对于 PPP 纠纷仲裁解决取得了一定的成就。但是在“一带一路”的背景下，武汉市 PPP 纠纷仲裁解决机制还有待进一步完善。

（一）仲裁机制方面的困难

1. 仲裁解决方式使用范围偏窄

目前，武汉仲裁委员会定位是在维护市场经济秩序、改善投资环境、增强外商在中国投资的信心等方面发挥了积极作用，成为华中地区最具影响力的具有涉外仲裁能力的仲裁机构。因而，这就决定了在 PPP 项目争端的解决过程中，武汉市 PPP 纠纷仲裁机制的使用范围仅限在华中地区，与当前“一带一路”（中国）仲裁院

PPP仲裁中心的定位存在一定的出入。

2. 仲裁规则难以满足争议解决需要

当前，我国PPP纠纷呈现纠纷类型多元化、纠纷主体多样化、处理难度不断加大的新特征，未来随着武汉市PPP项目的不断推进，也可能会出现类似的问题。尤其是，武汉市在深度融入“一带一路”的过程中，将会面临一些跨国PPP投资争议，这就需要武汉市建立针对跨国PPP投资设立的多边争议解决机制。

3. 裁决难以得到普遍承认和执行

目前，我国仲裁的决定往往在国内具有相应的强制性，在国际上缺少强制推动仲裁裁决执行的动力。在此背景下，武汉市未来的PPP纠纷仲裁也必将面临类似的困难。

（二）营商方面的困难

1. 商事制度改革协同推进需要进一步提升

商事制度改革涉及多个部门，是一项系统性工程，需要各个环节涉及的部门参与配合、协同推进。在改革实践中，武汉市市场监管部门先行一步，当好深化改革“先行军”，但有的部门改革相对落后，跟不上简政放权的步伐，离企业的美好期待和需求有较大差距。原因主要是武汉市“多证合一”整合的证照数量还不多，有些能整合的证照没有整合进去。

2. 办事服务环境还需要进一步优化

目前，武汉市PPP项目审批流程严格按照国务院及财政部相关政策文件执行，项目合规性流程多，项目修改、审批各环节须严格按照预定时间进行，审批单位较多，整体推进时间较长。另外，在PPP实施方案的设计中，有些时候提出一些改变现有体制的PPP运作方法的被接纳程度不够，如关于运维成本的直接报价机制、管廊收入的激励安排、平台公司作为社会资本参与等。

3. PPP项目公共服务能力需要进一步提高

当前，为武汉市PPP项目提供咨询的中介服务公司，往往仅具备咨询资质，并不具备法律、财税、造价、工程技术等专业资质，多数也无法胜任草拟合同、财务测算、造价咨询等专业工作，无法满足PPP项目良性运作所需要的专业深度和准确度，导致PPP项目存在财务测算失真、合同条款粗疏、操作程序违规、政府方权益及财政资金和其他国有资产权益无法保障等不良现象。

三、现有国际投资争议解决机制对武汉市PPP纠纷仲裁解决的借鉴

随着PPP项目的不断发展，仲裁作为一种纠纷解决方式有越来越受到世界各国重视的趋势。当前，世界上对于国际投资争议的解决机制，主要有ICSID争议解决机制、NAFTA争端解决机制、TPP争端解决机制3种方式，这些争议解决机制为武汉市PPP纠纷仲裁解决机制的建立和完善提供了借鉴。

（一）主要实践

1. ICSID争议解决机制

《解决国家和他国国民之间投资争端公约》[①]是在1899年和1907年的和平解决国际争端的海牙系列公约的和平理念的影响下产生的，设立了国际投资争端解决中心（International Centre for Settlement of Investment Disputes，ICSID）于1984年、2003年、2006年3次修改中心的制度和规则，扩大秘书处的管辖范围，旨在以中立的国际组织介入方式排除争议解决中国家之间的外交干涉和政治干预，从而改善投资环境。（1）仲裁的管辖权。ICSID对投资争

① 参见黎四奇：《ICSID、MIGA、WTO争端解决机制评述》，载《云梦学刊》2004年第4期。

议的管辖权必须要满足以下条件:第一,ICSID 管辖直接由投资而产生的法律争议;第二,当事人是《华盛顿公约》的缔约国国民和另一方缔约国;第三,当事人必须书面同意将争议提交到 ICSID。(2)仲裁的执行程序。ICSID 具有不受任何国家国内法限制的独立的仲裁规则。ICSID 第 44 条规定:"任何仲裁程序应依照本节规定,以及除双方另有协议时,依照双方同意提交仲裁之日有效的仲裁规则进行。当发生任何本节未作规定的程序问题,则应该将问题提交到法庭决定。"也就是说 ICSID 的程序法带有强制性。申请人在仲裁庭作出裁决之后就不用再向法院申请确认裁决的合法性。ICSID 的执行能力依赖于其众多成员国对 ICSID 的决定的认可,并且努力维护裁决的约束力。ICSID 裁决可以在申请国获得最高法院判决的效力。ICSID 最具有特色的一个服务,就是简化了裁决的执行程序。(3)仲裁私密性与透明度的平衡。目前 ICSID 会公开已作出的裁决。同时也采取公开庭审,允许公众通过 ICSID 网站来获得相关案件资料。同时,"法庭之友"制度允许第三方递交一些具有价值的、能够推动案件进行的书面材料。此外,ICSID 的规则约定除非有当事方反对,否则仲裁庭与 ICSID 秘书处磋商后,可以允许非争议当事方出席全部或部分庭审,并为此做适当的安排,仲裁庭对该类案件涉及的保密信息予以保护。

2. NAFTA 争端解决机制

《北美自由贸易协定》(North American Free Trade Agreement, NAFTA)[①]框架下的争端解决机制,有机地融合了司法和仲裁的特点及优点,代表着其中最为典型的制度设计,对解决国际化的 PPP

① 参见张生:《从〈北美自由贸易协定〉到〈美墨加协定〉:国际投资法制的新发展与中国的因应》,载《中南大学学报(社会科学版)》2019 年第 4 期。

项目争端具有深刻的影响和借鉴意义。(1)仲裁的条件。根据NAFTA第1120条的规定,在造成索赔请求的事件发生6个月后投资者才能将争端提交仲裁。投资者提交仲裁还须满足一定条件:首先,投资者或其代表的企业均须按照NAFTA规定的程序进行仲裁。其次,投资者或其代表的企业都必须放弃依据任何一方国内法或任何其他争端解决机制进行救济的权利。最后,同意或者放弃的意思表示应以书面形式作出,且应包括在送达给争端缔约方的仲裁申请书中。(2)仲裁的规则。仲裁的启动有两种可能:第一,投资者自行申请。依照NAFTA第1116条所作的规定,投资者可以以个人的名义申请。第二,投资者以企业名义申请。依照NAFTA第1117条所作的规定,只要是由投资者控制或管理的企业,投资者都可以代表该企业提出申请。NAFTA第11章B部分没有另行规定一套新的仲裁规则,它规定投资者可以在ICSID仲裁规则、ICSID附加便利仲裁规则及UNCITRAL仲裁规则之间任选其一。(3)仲裁的裁决与执行。在裁决的相关问题方面,根据NAFTA第1131条规定,仲裁庭必须依照NAFTA协定和相关国际法规则来对争议事项作出决议,必要时可要求委员会对NAFTA协定的条款作出进一步的解释,该解释对仲裁庭具有拘束力。在仲裁裁决的执行方面,NAFTA第1136条规定,除根据解决投资争议国际中心(International Center for Settlement of Investment Disputes, ICSID)仲裁规则、ICSID附加便利仲裁规则或UNCITRAL仲裁规则作出的裁决以及临时仲裁裁决可使用审查程序外,争端方都应当服从和执行仲裁裁决。可以制定分别适用各成员国的执行仲裁裁决的相关制度或规则,执行的主体为政府或者法院。如果政府不采取执行措施可能会遭到司法监督。

3. TPP 争端解决机制

《跨太平洋伙伴关系协定》(Trans-Pacific Partnership Agreement, TPP),①表面上是一个贸易协定,但涉及内容远超出贸易范围,其中重要的领域就是投资,而投资规定中的一个核心问题是如何解决投资者与东道国之间的争端,TPP 第 9 章投资章节中的 B 部分就是阐述该机制。(1)仲裁的规则。仲裁的申请可以依据以下几个规则提出:其一,ICSID 公约及其仲裁规则,依据此项规则提请仲裁时要求争端双方必须为该公约的成员;其二,ICSID 附加便利规则,但投资者母国及东道国须有一方为此公约的成员;其三,UNCITRAL 仲裁规则;其四,依据意思自治原则双方所约定的相关仲裁规则。(2)仲裁程序的透明度。东道国应当遵循透明度原则,做到以下几点:首先,将案件所涉及的文件和资料对外公开,其中不包括涉密信息;其次,东道国还被要求将其收到的磋商请求等案件材料递交给 TPP 下其他非涉案成员国,并且履行将相关信息对外公开的义务;最后,仲裁庭要召开听证会,要求在会上与争端双方充分协商并且做好相关事务性的工作安排,其间无须履行信息披露的义务,若东道国选择披露,则仲裁庭应对其予以保密,以防其被泄露。(3)仲裁裁决与执行。首先,若是因为投资规则而引起的争端,则可以援引 TPP、国际法中的规则或一般法律原则等作为裁决的依据;其次,若是因为投资授权或投资协议而引起的争端,则应该先看争端双方事先是否就适用的法律作出约定,有约定则依照事先约定,无约定则依照东道国的国内法及可能适用的国际法规则。仲裁裁决可以是赔偿金钱损害及利息,以及恢复财产原

---

① 参见陈大波:《跨太平洋伙伴关系协定(TPP)对中国经济的影响及对策研究》,载《长江论坛》2016 年第 5 期。

状。其间,关于费用的分担仲裁庭也可进行处理,只是不得作出惩罚性赔偿以及要求东道国修改其国内法。裁决的效力仅仅限于争端双方的个别案例,裁决一经作出,双方就应当及时履行,不应以任何理由拒绝执行。

(二)武汉市的做法

1. 逐步拓宽仲裁条款的适用范围

武汉市 PPP 争议仲裁解决机制可以借鉴 ICSID 的案例解释手法,或者将 ICSID 案例进行归纳,将 PPP 投资争议纳入受案范围。

2. 制定适应跨区域的 PPP 争议仲裁规则

在"一带一路"背景下,武汉市可以借鉴 TPP 争端解决机制在跨区域投资争议解决方面的实践,制定与国际法规则相匹配的 PPP 争议仲裁规则。

3. 增加裁决承认与执行的可能性

借鉴已有的国际争端解决机制,探索跨区域的仲裁裁决承认和执行。武汉市在 PPP 纠纷仲裁解决机制构建中,可以以 ICSID 的执行程序为蓝本,辅以缔约国之间的司法互助协议,构建一个合理互惠的地区性的裁决承认、执行机制。

四、加强 PPP 项目仲裁服务的路径抉择

通过以上分析可以看出,仲裁较之协调、调解、诉讼等 PPP 纠纷解决方式,具有自身的独特优势,能够较好地保证 PPP 纠纷解决对专业性、公正性、保密和高效的要求,可以在很大程度上打消社会资本对 PPP 纠纷解决的顾虑。未来应当努力发挥仲裁作为 PPP 纠纷解决主渠道的作用,以破解现存的 PPP 纠纷解决机制困难,推动 PPP 事业良性发展。

(一)打造仲裁规则创制高地

认真贯彻落实中央有关建立"一带一路"国际商事争端解决机

制和机构的部署要求，积极开展“一带一路”沿线国家和地区投资贸易争议解决法律制度与机制的研究，建立“一带一路”国际商事争端解决仲裁机制和组织。围绕长江经济带发展、中国（湖北）自由贸易试验区建设、中部崛起等重大发展战略，适应国家全面开放新格局和重大发展战略需要，认真研究探索仲裁工作的新方式新机制，拓宽服务领域，提升服务能力，充分发挥仲裁的服务保障作用。坚持建立健全与国际通行规则相衔接、与武汉城市能级相适应、与机构仲裁业务特点相匹配的仲裁规则的发展方向，探索国际投资争端仲裁。指导仲裁机构加强与商会、行业协会合作，制定完善城市湖泊或河水环境综合治理，污水和垃圾处理，地下综合管廊、轨道交通、医疗和养老服务设施等领域的 PPP 项目纠纷仲裁规则。鼓励仲裁机构加强与国际仲裁组织和境外仲裁机构交流合作，积极参与国际仲裁规则、国际调解和国际商事法律规则制定。

（1）要实现对仲裁程序“非当地化”的支持。允许当事人在国际商事仲裁中自行约定仲裁程序规则。同时，对当事人的意思自治施加一定的限制，要求当事人在其他国家的法律或其他仲裁机构的仲裁规则中进行选择，或者要求当事人在不违反中国公共政策的前提下，参照这些法律和仲裁规则自行约定，以避免弱势方当事人无法表达其真实意愿和当事人约定程序规则存在漏洞的情况发生。

（2）允许当事人以明示协议的方式约定排除法院的监督权。将允许排除中国法院监督权的当事人的范围，限定在要求双方当事人均不具有中国国籍或在中国没有固定住所，在满足这一条件之后才允许当事人订立明示协议排除中国法院的监督。

（二）打造仲裁特色品牌高地

武汉市应统筹规划，制定措施，支持武汉市仲裁委员会积极拓展国际仲裁市场,逐步把武汉市仲裁委员会打造成为具有高度公信力、竞争力的区域或者国际仲裁品牌。积极探索有关 PPP 争议仲裁工作实践,及时总结推广仲裁工作经验。

打造国际争议解决平台。推动“一带一路”(中国)仲裁院 PPP 仲裁中心实质化运作,鼓励境内外知名仲裁机构和争议解决机构及其代表机构、商事调解机构、优质法律服务机构等入驻,打造一站式、国际化、信息化争议解决平台。鼓励中外当事人选择武汉作为争议解决地,提供优质开庭支持和服务,满足当事人多元化、个性化、便利化的争议解决服务需求。

积极争取 PPP 项目纠纷仲裁对外开放政策制度支持,允许境外知名仲裁机构和争议解决机构在武汉设立代表机构,制定出台有关管理办法。支持武汉市仲裁机构在境外设立代表机构或分支机构,鼓励探索开展多种形式的业务合作。鼓励武汉市仲裁机构探索临时仲裁、临时措施、紧急仲裁员等与国际接轨的仲裁制度。鼓励和指导武汉市仲裁委员会、仲裁机构积极举办或参与国际性活动,创建 1 ~2 个具有国际知名度、影响力的仲裁交流研讨品牌活动,将武汉打造成为 PPP 项目纠纷仲裁业务交流研讨活动最活跃的城市之一。

(三)打造仲裁人才集聚高地

支持武汉市高等院校成立仲裁研究院或者仲裁学院,开设仲裁专业,加强理论研究,培养专业人才。加大速记、翻译等仲裁辅助人员培养力度。组建各业务领域的 PPP 纠纷项目仲裁专家库,为案件办理提供智力支撑。鼓励协会、仲裁机构与境内外知名法学院校、国际仲裁组织、行业协会等建立合作机制,共建仲裁专业人才培养基地,打造专业化、国际化、高端化仲裁队伍。

积极推荐武汉市优秀涉外法律服务人才进入国际仲裁机构任职。鼓励和支持武汉市仲裁机构聘任境外优秀人才担任决策机构组成人员和仲裁员、调解员，进一步扩大仲裁员队伍的国别范围，力争决策机构境外组成人员、境外仲裁员和调解员占比居于全国领先地位。

五、营造有利于武汉市 PPP 项目持续运营的营商环境的政策建议

营商环境暂时缺乏官方的定义，但是李克强总理已经在公开场合多次提出了营商环境就是生产力。营商环境之于 PPP 项目的重要性，国务院发展研究中心研究院宏观部副部长孟春在第四批 PPP 示范项目评选中说："今年的工作重点要放在优化制度环境和营商环境上来，尽快出台 PPP 条例和配套政策，给参与各方稳定的、正面的预期，夯实 PPP 持续健康发展的基础。"在"2017 第三届中国 PPP 融资论坛"上，财政部副部长史耀斌也指出，创造公平有序的营商环境，提高民营企业参与度。不仅仅是发展 PPP 需要优化营商环境，优化营商环境本身就是我国经济发展的指导性方略。武汉市应当树立"好环境就是竞争力"的理念，聚焦打造"政策最优、成本最低、服务最好、办事最快"的"四最"营商环境，优化发展环境，推进"放管服"改革，增强服务意识，提升服务效能，放宽准入，规范操作，严把适用范围和边界，加强项目库管理，推动 PPP 模式可持续发展。

（一）围绕"一个目标"：加快商事制度改革向纵深推进

1. 建立统一的协调机制

建议武汉市以优化仲裁服务为目标，完善仲裁体制机制与资源配置，探寻仲裁应用与仲裁合作的多种路径。积极向国家申请

调整 PPP 仲裁条例,完善 PPP 实施的保障措施,包括建立完善的、统一的法律法规体系和“一带一路”沿线国家的信用体系。同时,为有效解决跨国 PPP 投资争议,建议多渠道整合“一带一路”背景下跨国 PPP 投资争议解决方式,加快构建高效、便利的区域 PPP 投资争议解决常设机制,积极在武汉先行先试,努力打造全国 PPP 项目仲裁的武汉模式,努力成为全国 PPP 项目仲裁服务的样板。

建议武汉市从预防性的解决、事发后的解决两个方面着手,探索建立统一的跨区域仲裁协调机制。一是事前预防机制。建议在武汉设立一个跨境经济合作区的 PPP 项目跨区域仲裁机制法律服务点。二是事后解决机制。建议在武汉设立针对 PPP 项目跨区域合作的过渡性临时仲裁机构,条件成熟后再设置跨区域合作的专业仲裁委员会,从而促进争议的快速解决。

2. 建立统一的 PPP 项目纠纷库

建议将与 PPP 项目相关的案件先交于“一带一路”(中国)仲裁院 PPP 仲裁中心统一纳入“PPP 项目纠纷库”进行归档管理,由 PPP 仲裁中心进行统一管理和协调。要严格规范 PPP 项目运作,明确项目库分类和入库标准,强化事前审核,规范入库评审,进一步提高项目库入库质量和信息公开的有效性,形成“建成一批、淘汰一批、充实一批”的项目库良性循环机制,促进 PPP 项目规范运作有序,增强市场信心,营造良好环境,实现 PPP 长期可持续发展。

3. 建立统一的公共服务体系

重新编制统一的行政许可事项目录清单,进一步精简文书表格,减少填报事项,积极推进全程电子化、一窗通、企业注销便利化改革,实行市场监管、税务、人社、商务、海关等部门业务“信息共享、同步指引”,打通部门之间的服务壁垒。继续推行和落实首办负责制、政务承诺制、一次性告知制和限时办结制等制度,在窗口工作中做到"四清服务",即表格一次发清,受理一次审清,咨询一次讲清,材料一次收清,营造良好的营商环境,让更多的企业到武汉落地生根。

(二)实施"三大举措":持续推进PPP项目健康发展

良好的营商环境可以使市场主体在法治的框架内游刃有余,公平、自由地呼吸,创造更大的社会价值。应着力推进市场环境、政务环境、司法环境的法治化,以营造公平、透明和可预期的营商环境。"十四五"期间,武汉要积极应对全球化发展大势。

1. 做好统筹谋划,优先支持污染防治、精准扶贫、基础设施补短板重大项目建设

城市基础设施建设投资巨大,回报周期长,也潜藏着不少社会发展新动能、新方向。长期以来,社会资本往往受限于行业准入,较难进入。而PPP投资的原则是致力于加强和改善公共服务,形成有效促进政府和社会资本合作模式规范健康发展的制度体系,因此,加强对社会资本在基础设施方向的投资引导是我市PPP工作责任的重中之重。PPP带给武汉的不仅是投融资模式的变革,更是资源配置机制和政府治理理念的创新与转变。因此必须进一步加强PPP项目的统筹谋划,规范有序推进PPP项目实施,着力增加公共服务,优先支持污染防治、精准扶贫、基础设施补短板重大项目建设。充分发挥市场和政府"两只手"的作用与合力,实现公共服务向"有效供给"、"高效供给"转变,有效提高全市公共服务供给质量和水平。

2. 盘活存量公共资产,推进武汉市PPP模式持续健康发展

(1)加强政策引导,提升重视程度,形成合力,积极推进存量资

产改造、转型为 PPP 项目。建议市财政、市发改委等部门要做好存量资产改造、转型为 PPP 模式的政策宣传和辅导工作,提升政府领导及行业主管部门对运用 PPP 模式盘活存量资产的重视程度。同时,政府部门间要形成合力,共同找到适合运用 PPP 模式盘活的优质存量资产,充分考虑盘活方式的选取和国有资产管理规定要求。

(2)探索通过以奖代补、政策优惠、税收优惠等措施,引导和鼓励存量资产运用 PPP 模式,改造、转型为 PPP 项目。建议有关部门要认真落实国家支持基础设施和公共服务领域 PPP 模式的政策优惠(如盘活存量土地政策优惠等)、税收优惠,创新 PPP 项目奖补资金分配机制,优化调整资金使用方向,根据运用 PPP 模式盘活存量资产化解存量政府性债务规模,通过以奖代补给予各级财政部门和项目实施机构资金支持。

(3)地方政府或财政部门应加强存量资产权属变更相关程序的指导和监管。建议地方政府或财政部门对运用 PPP 模式盘活存量资产过程中,涉及的资产权属变更、国有企业产权交易、国有资产出租、出借行为、盘活资金的回收处置等,加强指导和监管,防止国有资产流失。

(4)建议市财政部门和项目实施机构关注运用 PPP 模式盘活存量资产后的融资交割、绩效考核和移交工作,实现政策目标。

(5)运用 PPP 模式盘活存量资产需要引入第三方咨询机构,提高前期项目遴选和方案的策划和编制。

(6)运用 PPP 模式盘活存量资产应该作为常态化投资循环模式予以坚持。运用 PPP 模式盘活存量资产回收的资金,主要用于新的基础设施和公用服务领域建设,形成新的优质资产。对再投资形成的新优质资产,条件成熟时可再次运用 PPP 模式盘活,引入社会资本方参与运营和管理。

总之，运用PPP模式盘活存量资产有利于引入社会资本，尤其是促进民营资本进入，形成多元化、可持续的公共服务资金投入渠道，为地方政府盘活存量，带动增量，化解存量债务，降低财政风险，增强经济增长动力提供一种可持续、可操作的良性投资循环模式，应该予以大力推广和运用。

3. 降低PPP项目门槛，鼓励民间资本参与PPP项目

（1）加大基础设施和公共服务领域PPP项目向民营资本的开放力度。除国家法律法规明确禁止准入的行业和领域外，基础设施和公用事业领域向民营资本开放，严禁排斥、限制民营资本参与PPP项目的行为。各级财政部门应会同行业主管部门，在新建、改建项目或存量公共资产中筛选适宜采用PPP模式的项目，同时，引导和支持民营资本推荐发起PPP项目。鼓励民营资本作为社会资本参与全省能源、交通运输、水利、环境保护、市政工程、城镇综合开发、农业、林业、科技、保障性安居工程、医疗、卫生、养老、教育、文化、体育和旅游等公共服务领域PPP项目，新增服务和产品供给。

（2）夯实鼓励民营资本优先参与PPP项目的制度保障。认真贯彻落实国务院、省、市政府有关鼓励民营资本参与PPP项目的政策要求，在PPP项目实施方案编制过程中，项目实施机构应当根据项目特点和建设运营要求，综合考虑专业资质、技术能力、管理经验和财务实力等因素合理设置社会资本的资格条件，保证国有企业、民营企业、外资企业平等参与。凡适合民营资本参与的市政、养老、医疗、教育、旅游、体育、环保等领域的项目，在PPP实施方案中要有相关的鼓励民营资本参与的内容表述。

(3)进一步降低民营资本参与 PPP 项目条件门槛。进一步落实我国《政府采购法》和《政府采购法实施条例》,在 PPP 项目采购阶段,采购人、采购代理机构应当合理设定 PPP 项目采购标准和条件,不得在 PPP 项目资格预审文件、项目采购文件中对民营资本设置任何差别条款和歧视性条款,不得通过设置与项目投资不匹配、过高的财务门槛,包括注册资本、净资产、银行存款、银行授信额度、利润总额等将民营企业排除在外,也不得通过央地合作、招商引资、战略合作协议等形式规避政府采购流程而指定合作对象作为社会资本方。对民营资本设置歧视性条款的 PPP 项目,各级财政部门在审查 PPP 项目方案时应予以纠正,拒不纠正的,不得进入采购程序。对纯民营资本或由民营资本牵头的联合体参与 PPP 项目采购活动的保证金不超过项目预算金额的 1%,在采购评审时可依法给予加分或减价的鼓励,具体标准在项目评审标准中确定。

(4)加大对民营资本参与 PPP 项目的扶持力度。鼓励各级财政部门因地制宜、主动作为,探索财政资金撬动社会资金和金融资本参与 PPP 项目的有效方式,通过前期费用补助、以奖代补等手段,为项目规范实施营造良好的政策环境。各级财政部门要落实好国家级、省级、市级支持 PPP 项目的财政优惠政策,加强政策解读和宣传,积极帮助民营资本实施的 PPP 项目申报财政部示范项目。积极争取基金对符合条件的民营资本参与的 PPP 项目优先支持。建议市财政通过武汉市 PPP 融资支持基金、PPP 项目以奖代补资金等方式向民营企业参与的 PPP 项目适度倾斜,提高支持和补助标准。

Abstract Based on the status quo of Wuhan PPP project dispute resolution mechanism, starting from the background of "the Belt and Road", this study analyzes the current difficulties of Wuhan PPP project dispute arbitration resolution mechanism, including the narrow use of arbitration resolution methods and arbitration rules inability to meet the needs of dispute resolution, the inability of universal recognition and enforcement of awards, and the need to further improve the coordinated advancement of commercial system reforms in the business environment, the service environment needs to be further optimized, and the public service capabilities of PPP projects need to be further improved. On the basis of summarizing and drawing lessons from the ICSID dispute resolution mechanism, NAFTA dispute resolution mechanism, and TPP dispute resolution mechanism dispute resolution, it is proposed that Wuhan should start with creating a high ground for arbitration rules, building a brand high ground for arbitration, and building a high ground for arbitration talents, to enhance arbitration services for PPP projects. Starting from the two major aspects of accelerating the reform of the commercial system and continuing to promote the healthy development of PPP projects, it put forward policy recommendations to create a business environment that is conducive to the continuous operation of PPP projects in Wuhan.

Keywords business environment Wuhan City PPP project arbitration service

充分重视和发挥仲裁秘书的职能和作用

朱愈明[*]　陈　勇[**]　姜　越[***]

摘　要　2018年12月31日,中共中央办公厅、国务院办公厅印发《关于完善仲裁制度提高仲裁公信力的若干意见》,为中国仲裁事业发展指明了方向。仲裁事业的发展离不开仲裁人的共同努力,仲裁秘书作为其中的重要一环,起着承接仲裁机构与仲裁员、仲裁机构与当事人、仲裁员与当事人之间沟通桥梁的作用,是仲裁秩序的维护者、仲裁程序的保障者和仲裁事业发展的推动者。

关键词　仲裁秘书　重视　维护仲裁秩序　保障仲裁程序　推动仲裁事业　公信力

随着市场经济的逐步深入和对外开放的大门越开越大,全社会对仲裁的关注度越来越高。在党的十八届四中全会上,党中央明确提出了"完善仲裁制度,提高仲裁公信力",党的十九届四中全会也提出了"推进国家治理体系和治理能力现代化"的目标要求,

[*] 扬州仲裁委秘书长。

[**] 扬州仲裁委仲裁事务部部长。

[***] 扬州仲裁委仲裁事务部科员。

2018年12月31日,中共中央办公厅、国务院办公厅印发《关于完善仲裁制度提高仲裁公信力的若干意见》(中办发〔2018〕76号),以上新形势、新目标、新任务都对仲裁事业提出了新要求。仲裁事业健康有序地发展,离不开每一位仲裁人的辛勤耕耘,其中仲裁秘书的作用不容小觑。

一、仲裁秘书的定义和分类

仲裁秘书是指仲裁案件程序的管理者和服务者,例如,《中国国际经济贸易仲裁委员会仲裁规则》《北京仲裁委员会仲裁规则》《广州仲裁委员会仲裁规则》中都提到"由办案秘书负责程序管理和服务"。仲裁秘书从广义上讲分为管理秘书、事务秘书和办案秘书,狭义上讲仅指办案秘书,本文从狭义角度来谈仲裁秘书,即办案秘书。从国际和国内分类来看,分为仲裁庭秘书和办案秘书(仲裁秘书),仲裁庭秘书指的是由仲裁庭选任的,协助仲裁庭处理行政性或类似事务的人员,①国际上运用较多;办案秘书是由仲裁机构为每一个案件指定的,主要负责案件的管理工作,国内运用较多。但在我国仲裁实践中,办案秘书除了依照规则承担案件的管理职能,还需要承担仲裁庭秘书的职责。因此,我国的办案秘书在庭审活动中的角色也可被视为仲裁庭秘书。② 从工作职责分类来看,分为仅负责程序性事务和同时负责程序及部分实体性事务,大部分国内的仲裁机构在其规则中明确表示办案秘书负责程序管理和服务工作,没有明确实体部分,如北京仲裁委员会③、上海仲裁委

① Gary Born, *International Commercial Arbitration*, Vol II, Kluwer Law International, 2014, p. 2043.

② 参见区炜妍:《中外仲裁庭秘书任用问题的研究》,外交学院2018年硕士学位论文,第3页。

③ 《北京仲裁委员会仲裁规则》第1条。

员会[①]、武汉仲裁委员会[②],但国内部分仲裁机构明确办案秘书可以在仲裁庭的委托下组织双方当事人庭前质证、进行调查、证据收集、协助勘验、主持调解,如广州仲裁委员会[③]、温州仲裁委员会[④]和汕头仲裁委员会[⑤]。从表达方式来看,国际仲裁中仲裁庭秘书包括管理秘书、秘书、仲裁庭秘书、研究秘书,虽然名称不同,但内涵大抵相同。[⑥]

我国《仲裁法》虽规定了取得法律职业资格,从事仲裁工作满8年的人可以聘任为仲裁员,但未直接对仲裁秘书的性质和职能作出规定,反而是一些国内仲裁机构的仲裁规则对仲裁秘书(办案秘书)的职责和回避情况进行了规定,如北京仲裁委员会、武汉仲裁委员会、泰安仲裁委员会,这也可以反映出目前国内对仲裁秘书的关注度不高,认同感不强,重视程度不够。在处理仲裁案件的实践过程中,仲裁秘书或办案秘书是除仲裁员之外,同样扮演重要角色的仲裁工作人员,他们是仲裁秩序的维护者,仲裁程序的保障者和仲裁事业发展的推动者。

二、仲裁秘书是仲裁秩序的维护者

(一)协调三方

仲裁案件的发生,从当事人到仲裁委员会寻求帮助到立案、开庭、审理、裁决,仲裁秘书是最开始接触案件当事人的。仲裁案件由专门的人员与当事人进行直接对接,这里的专门人员不是审理案件的仲裁员而是推动程序进程的仲裁秘书。仲裁秘书不仅仅需

---

① 《上海仲裁委员会仲裁规则》(自2018年10月1日起施行)第13条。
② 《武汉仲裁委员会(武汉国际仲裁中心)仲裁规则》(自2018年3月1日起施行)第2条。
③ 《广州仲裁委员会仲裁规则》第37条、第39条。
④ 《温州仲裁委员会仲裁规则》第74条、第87条、第131条。
⑤ 《汕头仲裁委员会仲裁规则》第38条、第39条。
⑥ 参见桑远棵:《国际仲裁中仲裁庭秘书之研究》,载《北京仲裁》2017年第4期。

要与当事人打交道，还需要与仲裁庭做好对接工作，搭建好当事人与仲裁庭之间沟通的桥梁。当文书起草完毕后，由仲裁秘书将文书提交仲裁委员会进行报批、审核和校对，最后加盖公章送达当事人。从案件接收开始，仲裁秘书最重要的工作职责便是推动案件有序进展，形成以仲裁秘书为枢纽中心，连接仲裁庭、当事人、仲裁委员会的多维运行方式。比如，当事人庭后提交补充证据时，应由仲裁秘书转交给仲裁庭。这一方式有效避免了仲裁庭与当事人的直接接触，从一定程度上保持了仲裁庭审理案件的公平公正，维护了仲裁秩序的有序进行。

（二）维护仲裁秩序，防范廉政风险点，筑牢“三道防火墙”

仲裁秩序的维护从立案到案结事了，每一步都需要仲裁秘书时刻保持警醒的状态，敲响思想的警钟，筑牢“三道防火墙”，保持仲裁秘书与当事人、仲裁秘书与仲裁庭、仲裁庭与当事人之间亲清的廉洁关系，保证案件公平、公正和有序进行。

1. 立案审查风险点。由于仲裁案件受理范围仅限于“平等主体的公民、法人和其他组织之间发生的合同纠纷和其他财产权益纠纷”，婚姻、收养、监护、抚养、继承纠纷和劳动争议，因具有人身性质，尚未纳入民商事仲裁受理范围之内。所以，仲裁秘书在立案时就需要对仲裁条款、仲裁受理范围、仲裁请求进行严格把关，尤其需要警惕双方当事人恶意串通损害第三方利益的情况，谨防立案风险点。

2. 送达环节风险点。在实际操作中，有关仲裁的文书、通知等材料一般通过邮寄方式送达，在未能邮寄送达时，由仲裁秘书（至少 2 名）上门直接送达或者留置送达，经上述方式仍不能送达的，采取公告送达。送达的真实有效性，对维护当事人的合法权利不言而喻。在处理的案件中,就曾出现过申请人为让案件快速进行,冒充被申请人代领仲裁材料的情况。虽然这种极端情况鲜有发生也不易发现,但仲裁秘书作为案件的承办人和仲裁秩序的维护者,通过对每个案件的细节把关和留心留意,对案件中的疑难点多思多想,对案件时刻保持警醒的状态,能够从一定程度上规避送达环节风险点,从而维持仲裁秩序的平稳进行。

3. 审理、裁决环节风险点。审理与裁决环节作为仲裁案件的重中之重,尤其需要仲裁庭和仲裁秘书提高思想上的认识。在案件审理过程中,除了仲裁庭应避免出现明显的偏袒、违反程序、实体公正等情况,仲裁秘书与当事人、仲裁庭之间也应当始终保持"亲清"的关系。例如,在某仲裁委员会的案件中,曾出现办案秘书收受当事人金钱,为当事人推荐代理人、为缓交仲裁费提供便利、仲裁员收受当事人金钱的情况。[①] 上述情况未能防范和化解好审理、裁决环节中风险点,最终造成当事人的权益损失和仲裁委员会的名誉受损。仲裁秘书作为案件最密切联系者,在处理案件过程中应以廉洁自律的品行严格要求自我,不仅需要注重自身言行的把控,也需要留心审理和裁决环节可能出现的风险点,把风险点"扼杀在萌芽中",为维护仲裁秩序健康有序发展贡献出一份自己的力量。

三、仲裁秘书是仲裁程序的保障者

仲裁秘书的工作贯穿于整个案件的审理过程,推动着仲裁程序有序进行,把控着仲裁案件的效率和质量。如上文所述,虽然国内有部分仲裁机构规定了仲裁秘书(办案秘书)程序性和实体性的

① 《一起仲裁案件三名仲裁员和一名办案秘书落网》,载北京理工大学国际争端预防和解决研究院网,https://iidps.bit.edu.cn/gatsw/175680.htm,最后访问日期:2022年2月1日。

工作职能，但国内多数仲裁机构在仲裁规则中仅明确仲裁秘书（办案秘书）的工作职责为负责案件的程序管理和服务工作。总体来看，程序性工作是仲裁秘书工作的重要组成部分，仲裁秘书是仲裁程序的保障者。

（一）做好庭前准备工作

从受理案件开始，仲裁秘书需要审查材料进行立案、向申请人送达受理通知书、向被申请人送达仲裁通知书和证据等材料、接收被申请人提供的答辩状和双方当事人的仲裁庭选定表、组庭并通知双方当事人开庭时间和仲裁庭组成情况。庭前准备工作的目的在于让双方当事人明晰仲裁案件的受理情况，做好开庭的准备。庭前准备工作是仲裁工作中的第一步，庭前程序的完备与完善为后期开庭审理案件打下坚实的基础，例如案件送达到位，没有任何瑕疵，能够保障好被申请人的权利，真正确保案件的有序进行。

（二）保障庭中审理工作

仲裁审理工作与法院审理工作基本无异，但在此过程中，仲裁秘书扮演的既是法官助理的角色也是书记员的角色。一方面，仲裁秘书需要做好基础性工作，提前核实到庭人员身份，组织进行签到，充分做好庭中记录工作，保证当事人所表达的内容都得到充分记录。另一方面，仲裁秘书还需要对庭审节奏有一定把控，在仲裁员不熟悉庭审程序时，稍加提醒，保证整个庭审程序的充分和完备，在庭中调解时，配合仲裁员进行调解工作。当遇到较为复杂的案件需要再次开庭的，仍由仲裁秘书协调仲裁庭的时间后，通知双方当事人进行再次开庭。

（三）完善庭后系列工作

遇到较为复杂的案件，庭中往往不能一次性解决所有矛盾点，仲裁秘书作为案件的直接对接者,需要配合仲裁庭做好所有程序性工作。比如,庭审后由仲裁秘书配合仲裁庭组织双方进行调解并现场制作调解书;在庭中发现部分证据不充分,需要由仲裁秘书协助开具调查函;仲裁庭对于庭中未能查明事实,在庭后组织当事人进行调查的,由仲裁秘书制作调查笔录;一方申请鉴定的,组织双方当事人选择鉴定机构,跟进鉴定程序等。在上述部分中,仲裁庭应避免与当事人的单独接触,由仲裁秘书转达证据材料或组织双方在仲裁委员会会面解决。但仲裁秘书也需要注意:在涉及实体部分时,若规则中未规定仲裁秘书的实体职责,仲裁秘书应避免超出自身职权范围进行审理、调查案件、组织质证等,否则容易出现程序违法的情形。例如,在某仲裁案件中,曾出现在仲裁庭未出庭的情况下,仅由仲裁秘书主持质证,且在询问和记录双方意见后,最后宣布"今天的开庭至此结束……"。申请人认为,仲裁违反法定程序,据此向法院提出撤销仲裁裁决的申请,法院认为,由仲裁秘书主持质证没有法律依据,亦无证据证明仲裁秘书已得到仲裁庭明确授权,且仲裁秘书宣称"今天开庭至此结束……",已超出其职权范围,故支持了申请人撤销的请求。[①] 仲裁庭与仲裁秘书的结构设置既能保证仲裁案件由仲裁秘书专门推进,问责到人,又从一定程度上筑牢了仲裁员、仲裁秘书与当事人之间的"防火墙",保障三者之间"亲清"的廉洁关系。

当仲裁案件进入评议和起草阶段时,仲裁秘书需要将仲裁员书写的文书(或以仲裁员观点为准的由仲裁秘书书写的文书)进行层层报批、修改与制作,最后送达双方当事人。在仲裁庭评议阶

① 参见区炜妍:《中外仲裁庭秘书任用问题的研究》,外交学院2018年硕士学位论文,第20页。

段,需要注意的是,仲裁秘书应充分记录好仲裁员的意见,不发表自身的意见,避免影响案件的审理和裁决。例如,在某仲裁案件中,申请人以仲裁秘书参与到仲裁庭合议环节并发表意见为由,请求法院撤销仲裁裁决。虽然法院以缺乏依据驳回了申请人的请求,[①]但警醒仲裁秘书在案件的任何阶段都应在法律和规则限定的职责范围内完善好自己的工作,时刻敲响思想上的警钟。在文书起草阶段,大部分的仲裁机构会将文书的程序部分交由仲裁秘书起草,实体部分由仲裁员起草好后发回给仲裁秘书进行最初的校核和初审,在发给另外两位边裁认可后,最终由仲裁机构核稿、签发、由仲裁秘书制作文书。但也有部分仲裁机构尝试将文书的起草工作全部交由仲裁秘书,再由仲裁庭审核,这样有利于促进仲裁的高效和快捷并形成核稿制度保障措施,[②]能够真正将高效性与专业性相融合,体现了仲裁秘书工作的重要性。

当案结事了后,仲裁秘书的工作并没有完全结束,其需要制作与报批仲裁员报酬表、部分案件退费表,在当事人申请下开具执行函,并将案件材料整理完备制成卷宗归档。庭后的这一部分工作是更琐碎的程序性工作,更需要仲裁秘书通过专业敬业、优质高效的服务为仲裁程序保驾护航。

四、仲裁秘书是仲裁事业发展的推动者

(一)仲裁秘书是完善仲裁制度的推动者

仲裁秘书作为仲裁工作中不可或缺的一员,已经越来越得到大家的认可,但遗憾的是,目前《仲裁法》中还未直接对仲裁秘书的

---

① 参见区炜妍:《中外仲裁庭秘书任用问题的研究》,外交学院 2018 年硕士学位论文,第 18 页。

② 参见张忠:《关于仲裁秘书作用和地位的几点思考》,载《经济研究导刊》2020 年第 9 期。

性质和职能作出规定。《仲裁法》自1995年9月1日施行以来，经历过2009年和2017年两次修正，现行《仲裁法》主要涉及仲裁案件受理的条件和范围、仲裁员的选聘和条件、仲裁庭的选择和组成、裁决的法律适用、仲裁裁决的效力和司法监督等几个部分。因此，将仲裁秘书的性质、职能和监督等相关规定融入仲裁制度中，有利于从顶层设计上把握仲裁秘书的工作动态，从源头上提升仲裁秘书的工作地位，从法律制度上监督规范仲裁秘书的工作内容，有利于仲裁事业健康发展，稳中向好。

（二）仲裁秘书是仲裁公信力的推动者和仲裁宣传的推广者

为响应中央两办对完善仲裁制度和提升仲裁公信力提出的要求，各地仲裁委员会除了从完善内部治理结构、规范仲裁管理、提升仲裁竞争力和影响力、增强服务大局能力、加大支持和监督力度等方面入手，细化推进仲裁事业发展的举措，[①]也需要从细小微观处深入，打造出自己独有的仲裁专业人才队伍，这其中不仅仅包括仲裁员，还应更加关注易被忽略的仲裁秘书，注重发挥好仲裁秘书的职能和作用。在实际工作中，相比较仲裁庭而言，仲裁秘书能够更加密切地接触当事人，当事人通过仲裁秘书的工作状态、工作效率能够更为直观地感受到仲裁的公信力。仲裁秘书的专业敬业、优质服务和高效办案可以为仲裁公信力添砖加瓦，成为能够赢得群众的认可和满意的有效途径和向群众宣传与推广仲裁的有力方式。当越来越多的人因为仲裁的公正快捷，优质服务而选择仲裁，势必会形成良性循环，从而进一步提高仲裁的公信力和仲裁的宣传推广力度。

① 参见《省两办出台意见明确仲裁依法独立进行不受干涉》，载江苏省人民政府官网，http://www.jiangsu.gov.cn/art/2019/11/18/art_60096_8816905.html。

在案件仲裁过程中，仲裁秘书以其专业的能力、认真负责的态度和廉洁自律的品性维护着仲裁秩序、保障着仲裁程序、推动着仲裁事业的健康有序发展。因此，充分重视和发挥仲裁秘书的职能与作用作为仲裁工作中重要的一环。对此，中办、国办明确强调：推进仲裁秘书职业化和专业化建设。这需要广泛提高群众、仲裁员对仲裁秘书的认可度和尊重度；需要通过多种途径加强对仲裁秘书专业素质的培养，如组织仲裁秘书学习最新的法律条文、参加仲裁培训和人才交流等；需要加强对仲裁秘书分层细化的管理，完善仲裁秘书队伍的考核与管理机制，规范仲裁秘书岗位聘用、职级晋升制度，实行“助理仲裁秘书、中级仲裁秘书、高级仲裁秘书、仲裁秘书副主管、仲裁秘书主管”五级晋升机制，建立好以品德、能力、贡献为导向的量化考核机制，引导仲裁秘书团队欣欣向荣，发挥出自身的职能和作用，为仲裁事业贡献出一份自己的力量。

Abstract On December 31, 2018, the General Office of Communist Party of China and the Office of the State Council issued the Suggestion on Improving the Arbitration System to Improve the Credibility of Arbitration, pointing out the direction of Chinese arbitration. The development of Chinese arbitration can't be divorced from the efforts of arbitrators. As a vital part in arbitration, the secretary of arbitration play an important role in building bridges among the arbitration institutions, the arbitrators and the clients. The secretaries of arbitration are the maintainers of arbitration order, the safeguards of arbitration procedure, and the promoters of arbitration development.

Keywords the secretaries of arbitration attention maintain arbitration order safeguard arbitration procedure promote arbitration development credibility

【理论探索】

论“确认仲裁”①

甘　勇*

摘　要　“确认仲裁”是中国仲裁机构在仲裁实践中发展起来的多元纠纷解决的一种制度创新。它的产生有着深厚的国际背景，同时也有着鲜明的中国特色，表现在纠纷的实体内容上，它在我国法律有关意思自治规定不充分的地方肯定当事人意思自治，在程序内容上综合运用多元化纠纷解决方法，同时通过当事人意思自治简化程序。确认仲裁对我国的私法自治的肯定，以及多元化纠纷解决的创新发展做出了贡献，在未来发展中要注意解决仲裁员的中立性，防范利用确认仲裁进行非法活动，以及先予仲裁在商事主体之间的效力等问题。

关键词　确认仲裁　武汉仲裁委员会　承认裁（判）决　先予仲裁　意思自治　多元化纠纷解决

---

①　本文系武汉仲裁委员会仲裁研究专项基金资助项目“确认仲裁的理论与实践研究”的部分内容，项目号2018－2019WZKT00001。

*　武汉大学国际法研究所、武汉大学法学院副教授、法学博士、硕士研究生导师。

确认仲裁，学理上又称“合意仲裁”（consent arbitration），[①]是指纠纷当事人将纠纷交付仲裁后，仲裁庭通过各种方法，帮助、促进纠纷当事人达成妥协让步，通过和解解决纠纷，并将当事人的和解协议或者仲裁员作出的调解协议制成仲裁裁决，从而赋予和解协议或者调解协议以强制执行力的一种纠纷解决方式。其是一种以仲裁终局约束力为依托，以多种纠纷解决方式配合应用为手段的纠纷解决制度。

确认仲裁是中国仲裁机构在蓬勃发展的仲裁实践中发展起来的多元纠纷解决制度之一，其中武汉仲裁委员会（以下简称武汉仲裁委）的实践尤为突出和典型。根据武汉仲裁委的相关统计，在武汉仲裁委受理和处理的纠纷中，每年有高达50%以上的仲裁案件是通过确认仲裁方式解决的。与中国其他的仲裁机构相比，这成为武汉仲裁委的一个鲜明特色。[②]

武汉仲裁委的确认仲裁案件类型各异、复杂程度不一。既有合同纠纷，侵权纠纷，物权纠纷，也有家庭财产纠纷和公司内部纠纷。从纠纷的发展程度来看，既有已经违约而发展为既成事实的纠纷，也有一些可能演变成纠纷的法律关系，其也成为确认仲裁的对象。这些数量丰富、种类繁多的纠纷，充分体现了确认仲裁的广泛适用性，以及确认仲裁不仅解决纠纷，而且预防纠纷的优势。最近几年，确认仲裁的经验得到了我国相关部门的重视，并在仲裁实践中得到了推广。

作为在实践中产生和发展的新生事物，确认仲裁还有很多理

---

① Emanual Gaillard & John Savage eds., *Fouchard, Gaillard, Goldman on International Commercial Arbitration*, Kluwer Law, 2006, p. 12–17, 744–746.

② 参见唐云峰：《论确认仲裁》，载熊士忠主编：《商事仲裁》（第二集），法律出版社2007年版。

论问题未能厘清，这无疑会影响确认仲裁更好更快地发展；因此，从理论上说明确认仲裁的产生背景，分析其发展情况与得失，指出其未来发展应该注意的问题，对于确认仲裁的发展具有重要意义。本文从确认仲裁的国际实践、我国确认仲裁的实践以及未来我国确认仲裁发展应该注意的问题三个方面对确认仲裁制度进行了研究，试图抛砖引玉，以便引起更多仲裁研究者对这一问题的关注。

一、确认仲裁的国际实践

尽管确认仲裁是一个在中国出现时间尚不久的新事物，但放眼世界，不乏与确认仲裁相类似的制度，它们本质上都体现了当事人意思自治在仲裁领域最大限度的实现。

（一）欧洲的和解裁决制度

在欧洲国家的主要仲裁机构的仲裁实践中，和解裁决是一种比较普遍的裁决，与中国仲裁机构作出的“确认裁决”具有一定的相似之处。和解裁决，是指仲裁庭将和解协议记录在案而形成的仲裁裁决；与一般仲裁裁决不同，在和解裁决中，仲裁庭并不考虑争议的实质问题，而是根据当事人的协议形成裁决。和解裁决通常被认为是终局的，各方可达成部分或全部和解。已和解解决的争议被认为具有既判力，而尚未解决的部分还可以提起进一步的仲裁或诉讼程序。如果和解裁决没有规定款项支付义务，则和解裁决还可以作为未来针对一方当事人请求的抗辩理由。

和解裁决在欧洲国家的仲裁实践中占有重要位置。根据估计，仲裁程序发起之前或之后当事人达成和解的数量最多可以达到所有提起仲裁数量的30%；[①]另一项研究表明，超过40%的和解

① Eugen Salpius, The Decision to Settle, 69 ARB. 155, 155 - 158 (2003).

是在第一次仲裁审理之前达成的，[①]这些和解协议往往转化为和解裁决。当事人之所以愿意寻求和解裁决，主要有两方面的原因：一方面，是因为和解有助于控制风险、有助于减少仲裁费用且有助于激励对方当事人与己方达成和解；另一方面，也是因为仲裁裁决具有保密性、可执行性等特点。因此，欧洲主要仲裁机构为了有利于当事人达成和解，往往允许当事人在任何时候自行中止仲裁程序。此外，许多仲裁规则明确地支持在仲裁中达成和解的可能性，这些规则包括国际商会国际仲裁法院规则[②]、伦敦国际仲裁法院规则[③]、联合国国际贸易法委员会仲裁规则等。

仲裁庭要作出和解裁决，必须对其审理的争议具有适当的权限；欧洲几乎所有主要的仲裁机构规则都赋予了仲裁庭自由裁量权，以决定是否根据和解协议作出合意裁决，这体现了现代仲裁规则的一种趋势。[④] 根据《英国仲裁法》第 1996 条的规定，在仲裁程序中当事人和解，仲裁庭应终止实体审理；如果当事人提出请求且仲裁庭同意，应将和解协议记录为和解裁决。[⑤]《德国民事诉讼法典》规定，当事方提出请求后，仲裁庭应按照当事人协商的条件以仲裁裁决的形式记录和解协议，除非该协议违反公共秩序；[⑥]这种

---

① Loukas Mistelis, *The Settlement-Enforcement Dynamic in International Arbitration*, in 19 AM. REV. INT'L ARB, p. 377, 379 (2008).

② See, e. g., ICC Rules of Arbitration art. 32, Jan. 1, 1988, 28 I. L. M. 231.

③ London Court of Int'l Arbitration, LCIA Arbitration Rules art. 26. 9 (2014), http://www.lcia.org/dispute_resolution_services/lcia_arbitration_rules.aspx [hereinafter LCIA Arbitration Rules].

④ 在 1988 年的国际商会仲裁规则下，仲裁员有义务接受当事人的请求通过和解签发裁决。See Int'l Chamber of Commerce, Conciliation and Amended Arbitration Rules, art. 17 (1988) [superseded by Int'l Chamber of Commerce, Rules of Conciliation and Arbitration (1998)]. 但现行的 2012 年规则规定，是否经同意签署判决书取决于仲裁员的自由裁量权。See Int'l Chamber of Commerce, Rules of Arbitration of the International Chamber of Commerce, art. 32 (2012).

⑤ Arbitration Act 1996, c. 23, § 51 (Eng.)

⑥ Zivilprozessordnung [ZPO] [Code of Civil Procedure], Dec. 5, 2005, Bundesgesetzblatt [BGBI], § 1053 (Ger.).

裁决与其他根据案情的裁决具有同等效力。[①] 相比之下，法国法律对和解协议没有明文规定。[②] 立法者可能认为仲裁员的这种权力是不言而喻的，因为仲裁程序取决于当事人的协议。然而，最近一些历史上遵循法国法律传统的国家的仲裁法，开始明确提及和解协议。[③] 根据一般的共识，提供可执行的裁决属于仲裁员的义务而不属于可以进行自由裁量的事项。[④] 将和解协议记录为和解裁决，这意味着确保和解条款不违法。

仲裁庭参与和解谈判之后，如果和解谈判失败，当事人的解决方案可能会影响最终裁决，因此，无论是普通法系还是大陆法系，为了最大限度地降低后续的风险，仲裁庭需要征得当事各方的明确同意才能参与和解谈判。根据国际律师协会关于国际仲裁利益冲突的准则(International Bar Association Guidelines on Conflicts of Interest in International Arbitration，以下简称 IBA 指南)，即使当事人明确规定仲裁员将协助他们解决争端，以确保协议达成，但是如果仲裁员对自己在未来仲裁程序中保持公正性和独立性的能力产生怀疑，仲裁员也必须辞职。[⑤] 美国仲裁协会的《仲裁员道德守则》

---

① Bundesgerichtshof [BGH] [Federal Court of Justice] Nov. 2, 2000, III ZB 55/99 (Ger.), available at http://www.dis-arb.de/de/47/datenbanken/rspr/bgh-az-iiizb-55-99-datum-2000-11-02-id2.

② See Décret 2011-48 du 13 janvier 2011 de portant réforme de l'arbitrage [Decree 2011-48 of January 13, 2011 on Arbitration Reform] Journal Officiel de la Republic Francaise [J. O.] [Official Gazette of France], Jan. 14, 2011 (reforming the law governing arbitration).

③ See Code Judiciaire/Gerechtelijk Wetboek [C. JUD/GER. W.] art. 1712 (Belg.) (consent award); see also Loi 93-42 du 26 avril 1993 de l'arbitrage [Law 93-42 of April 26, 1993 on Arbitration] Journal Officiel de la République Tunisienne [J. O. R. T.] [Official Journal of the Republic of Tunisia], art. 15, 75, May 4, 1993.

④ Julian Lew, The Law Applicable to the Form and Substance of the Arbitration Clause, in Improving the Efficiency of Arbitration Agreements and Awards: 40 Years of Application of the New York Convention (Albert Jan van den Berg ed., 1998).

⑤ International Bar Association, Guidelines on Conflicts of Interest in International Arbitration 1, 9 (2014), available at http://www.ibanet.org/Publications/publications_IBA_guides_and_free_materials.aspx [hereinafter Guidelines on Conflicts].

也规定，仲裁员建议当事各方讨论和解的可能性是适当的，但是仲裁员不应在场或以其他方式参与和解讨论；即使在期望由仲裁员进行调解的情况下，他们参与和解谈判也有一定的限制。[①]

在某些法域，法院和立法机构允许当事人放弃其程序权利。[②]如果当事人放弃质疑仲裁员享有调解员和仲裁员双重身份从而影响公正性的权利，那么当事人不能有效地质疑仲裁员的中立性；[③]当事人在明确同意中立仲裁员参与调解后，不能因此对仲裁裁决提出异议。[④] 然而，在某些法域，放弃质疑程序公正的权利可能被认为是违反公共政策的。[⑤] 因此，只有认真审查仲裁国或者当事人寻求仲裁执行地国关于仲裁员利益冲突的仲裁规则或者法律，才可能将和解裁决中的风险降至最低。

（二）美国的承认判决制度

确认仲裁在美国也有相应的实践，美国纽约州和特拉华州的仲裁法规定了一种"承认仲裁"制度，这种制度脱胎于美国各州广泛采用的"承认判决"制度，美国的确认仲裁和确认判决制度具有长期的普通法基础和市场经济逻辑。

美国几乎所有州的民事诉讼法都规定了"承认判决"制度（confession of judgment；cognovit judgment），这一制度是在美国普通法长期实践的基础上发展而来的。承认判决，是指法院根据债

---

① Wicketts and Sterndale v. Brine Builders [2001] C. I. L. L. 1805.

② Brette Steele, *Enforcing International Commercial Mediation Agreements as Arbitral Awards under the New York Convention*, 54 UCLA L. REV, p. 1385, 1407 (2007).

③ Rosoff, *Hybrid Efficiency in Arbitration: Waiving Potential Conflicts for Dual Role Arbitrators in Med-Arb and Arb-Med Proceedings*, 26 J. INT'L ARB, p. 89, 91 (2009).

④ U. S. Steel Mining Co., L. L. C. v. Wilson Downhole Serv., 2006 WL 2869535, at *5 (W. D. Pa. Oct. 5, 2006).

⑤ Alan Limbury, ADR in Australia, in ADR in Business: Practice and Issues Across Countries and Cultures 429, 453 – 454 (Arnold Ingen-Houszed., 2011).

权人与债务人之间达成的债务人承认其对债权人负有特定数额之债务的书面协议而直接作出的判决。在"承认判决"制度下,根据当事人之间同意作出"承认判决"的条款,债务人可以放弃接受通知以及进行答辩的权利;只要债务人放弃程序权利是自愿的、明知的以及有意的,这种放弃就是有效的。该制度在20世纪五六十年代一度被质疑违反正当程序,但最终在1972年得到了美国联邦最高法院的肯定和确认。

承认判决制度有三方面的优点。一是有利于债务人节省诉讼费用和取得有利的偿债条件。在普通法时期,一旦进行诉讼,不仅债权人要支付费用,债务人也要付出成本,比如申请询问命令要支付的费用。承认判决程序的主要目的,是通过债务人作出承认判决的书面承诺,以避免债务人进行诉讼需要付出的成本,并换取债权人允许债务人延迟或分期履行其债务的承诺。[①] 二是减少债权人诉讼的困扰。如果债务人作出书面承诺以后又不能遵守其承诺,债权人就能直接执行承认判决,而不需要再进行诉讼,也不会再有时间上的延迟。[②] 三是有利于法院减少积案。由于承认判决程序可以帮助债权人避免获得胜诉判决需要进行的完整审判,承认判决程序也极大程度地减少了法院的案件积压。

美国的"承认判决"制度,不仅允许当事人在争议发生后请求法院以当事人的协议为基础作出判决,甚至允许法院在特定争议发生前就根据当事人明确约定的债权债务内容作出判决,并允许当事人放弃接受通知和进行抗辩的程序权利。但是,美国联邦最高法院的判例法已经明确,"承认判决"条款在谈判能力不对等的

① J. Archbold, 2 Archbold's Practice 16 (2d Amer. ed. 1838).

② W. Tidd, 1 Tidd's Practice 543 (4th Amer. ed. 1856).

消费者和经营者之间签订的合同中是无效的,只有在谈判力量对等的商人之间才是有效的。我国有些仲裁机构的先予仲裁,则集中在消费金融领域,恰好不在美国法院所认同的“承认判决”或“承认裁决”之内。

总之,无论是欧洲各国,还是美国的仲裁实践都充分证明,以当事人意思自治为基础而进行的合意仲裁,具有悠久的历史和丰富的法律实践基础。

二、确认仲裁的中国实践

确认仲裁在中国,以武汉仲裁委的实践最具有典型性。值得一提的是,武汉仲裁委不仅在仲裁实践中非常注重确认仲裁的价值,而且对这一多元化纠纷解决制度的创新发展表现出了高度的理论自觉,很早就有意识地对相关实践的案例进行了汇编整理,并进行了理论探索。

武汉仲裁委的确认仲裁,在受理案件的实体内容上以及程序运用上,都具有鲜明的特点,从而形成了特色。

(一)确认仲裁案件的实体内容

通过确认仲裁处理的案件,相较于一般商事仲裁处理的案件来说,有着三个方面的特点。一是确认仲裁案件涉及的合同纠纷,常常是我国合同法缺乏具体规定或规定模糊的合同清偿或者合同解除案件;二是确认仲裁案件往往是对当事人的和解协议、调解协议进行确认的案件;三是确认仲裁也将一些人身伤害案件比如交通事故纠纷纳入其受案范围,增加了确认案件的多样性。

1.进行确认仲裁的合同纠纷

进行确认仲裁的合同纠纷,往往在我国合同法上缺乏明确的规定,但法律并不禁止当事人就相关事项行使自由处分权。这些合同纠纷,就涉及的法律问题来看,具体分为以下几类。

第一类涉及合同清偿中的“以物抵债”。“以物抵债”,大陆法学理上称为“代物清偿”,是指债务人以其他给付代替原合同项下的给付,债权人对这种给付予以接受而构成合同清偿的制度。[①] 我国原合同法对此没有规定,以致法院在审判过程中无所依循,而意图事后否认代物清偿合同效力的当事人就很容易在诉讼中达到自己的目的,从而损害了交易的确定性。当事人通过确认仲裁,将“以物抵债”协议转化为仲裁裁决书,赋予其法律约束力和强制执行力,正好弥补了我国法律对“以物抵债”的规定的不足。“以物抵债”的典型案件,包括房屋抵债达成协议,以担保借款合同的“物”(包括动产、不动产)作为清偿债务的冲抵。[②]

第二类涉及“新债旧偿”的约定。新债清偿,又称“新债抵旧”或“间接清偿”,是指债务人和债权人订立新的合同,约定新的权利义务内容作为清偿旧合同债务的方式;[③]本质上就是订立新的合同取代旧的合同,新的合同没有履行前,旧的合同依然保持其效力。英美法上称为替代合同(substituted contract)。[④] 这种“新债旧偿”在现实生活中是非常常见的一种交易。我国法律对“新债旧偿”并没有明确规定,尤其是对新旧两种合同的法律效力没有明确规定。因此,在当事人希望采取这种方式来进行交易时,其一方面担心新

---

① 郑玉波著,陈荣隆修订:《民法债编总论》,中国政法大学出版社 2004 年版,第 483 ~ 485 页;林诚二:《民法债编总论——体系化解说》,中国人民大学出版社 2003 年版,第 537 ~ 539 页。

② 最高人民法院(2011)民提字第 344 号民事判决承认将实质上的“流押契约”认定为借代合同和买卖合同的组合,而肯定其效力;但在最高人民法院(2013)民提字第 135 号民事判决中,有确定流押契约无效;这样导致了流质契约在实践中法律地位之不确定。参见张爱珍:《对禁止流质契约必要性的现实考量》,载《人民司法》2015 年第 11 期。

③ 参见郑玉波著,陈荣隆修订:《民法债编总论》,中国政法大学出版社 2004 年版,第 485 ~ 487 页;林诚二:《民法债编总论——体系化解说》,中国人民大学出版社 2003 年版,第 539 ~ 541 页。

④ ALI, Restatement 2nd of Contracts, § 279, Substituted Contract.

合同的效力不备，另一方面担心旧合同的效力消逝，所以通过确认仲裁方式赋予新的合同以法律约束力甚至强制执行力，当然是很好的选择。

第三类涉及“债务更新”的案件。债务更新，英美法上又称“合同更新”（innovation）。债务更新，是指债权人和债务人或者第三人通过订立新的合同，消灭旧合同债权债务的情形。债务更新在德国法上没有规定，但是《法国民法典》《意大利民法典》《日本民法典》《瑞士民法典》均有规定。“债务更新”和前述“新债旧偿”较易混淆，但二者是两种不同的制度。从构成上来说，虽然都是用新债代替旧债，在债务更新中有债的要素的变化，即债权人或债务人或合同客体发生变化，但是在新债旧偿中，债权人和债务人是不变的，仅有债的内容可能发生变化。此外，从效力来说，在新债旧偿中，旧债新债都有效力；而在债务更新中，新债成立则旧债即归于消灭。[1] 在英美法上，合同更新一定包含着债权人或者债务人变更，也就是说，一定有第三人加入到新的合同关系里面来，而原来的合同当事人至少有一方退出了。[2] 债务更新作为清偿合同的一种方式，在现实生活中也是比较常见的，但是我国法律没有规定，学理上的探讨也非常少。当事人如果希望以这种方式清偿债务，即使签订合同，其效力存在较大不确定性。在确认仲裁的案件中，也有到仲裁委来申请确认这种债务更新的协议的法律约束力和强制执行力的。

第四类涉及市场经济中出现的新类型合同，如挂靠合同、房地

---

① 参见郑玉波著，陈荣隆修订：《民法债编总论》，中国政法大学出版社 2004 年版，第 525 ~ 530 页；参见蒋学跃：《债的更新若干问题探讨》，载《云南大学学报（法学版）》2004 年第 5 期。

② ALI, Restatement 2nd of Contracts, § 280, Comment a.

产合作开发合同;这些合同在我国合同法中都没有明确规定(房地产合作开发合同仅为司法实践所肯定),但都应该归入无名合同的类型中。因此,当事人在合同订立前没有明确出现纠纷后如何解决,在履行合同出现纠纷后,即便此时当事人希望友好解决纠纷,这种愿望还是受到法律制度中和解协议效力不确定性的影响。通过确认仲裁,在仲裁庭的帮助下,对相关法律问题进行较为深入细致的分析后作出仲裁裁决,赋予法律约束力和强制执行力,有助于保护当事人意思自治,促进民事交易。

第五类涉及确定合同效力和合同解除的案件。合同效力类案件,即当事人希望通过仲裁机关的确认仲裁,确认其订立合同的效力,而且这种确认类似于公证机关对合同进行公证的行为。但是,和公证机关的公证相比,仲裁机构的确认往往对合同的法律效力尤其是强制执行力更有保证。

合同解除类的案件申请确认仲裁,一方面,是因为存在行政机关对房地产买卖合同管理制度的特殊要求,其规定只有法院判决和仲裁裁决才能解除合同从而启动相应的行政程序,而通过法院诉讼程序往往费时耗力,价格昂贵,通过确认仲裁获得仲裁裁决更加容易和便宜;另一方面,是因为法院判决程序对法律规定更为重视,而法律规定不明时,法院判决的可预见性更差。关于房地产买卖合同解除的案件,都是这方面的例子。例如,在一起案件中,由于房地产公司交付的房屋质量不符合合同约定,当事人本来可以单方面解除合同,但是单方面解除合同依法要有很多法律要件需要满足,所以为了避免以后当事人对单方面解除合同是否生效产生纠纷,当事人转而选择了协议解除合同,由双方当事人达成协议,并将协议转化为确认仲裁,免除了对合同是否解除在未来产生纠纷的后患。

总之,虽然我国合同法理论上也重视当事人的意思自治,但是在具体规定方面,当事人的意思自治,基于种种原因,事实上是贯彻不彻底的,尤其是前述有关合同清偿、合同解除等方面的规定,要么完全没有规定,要么存在较大模糊和不确定性,这些都为当事人在实践中申请确认仲裁提供了强烈的动因,而确认仲裁制度的发展也实际上对我国相关制度的发展起到了补缺和推动的作用。

2. 进行确认仲裁的和解协议与调解协议

确认仲裁受理案件在实体法层面的另一个特点,就是双方当事人一定达成了和解协议或者调解协议。在绝大部分的确认仲裁案件中,当事人要么达成了和解协议("清偿债务和解协议书"),要么在仲裁庭的调解下达成了调解协议("调解协议"),然后仲裁庭再以上述协议为基础发布仲裁裁决;这种仲裁裁决,也就是所谓的"合意裁决"。合意裁决的关键在于"裁决",即不仅有法律约束力,还有强制执行力。

在中国,当事人签订了和解协议或者调解协议后,还需要到仲裁机构申请确认仲裁予以确定,这和中国对和解协议与调解协议的相关立法有很大关系。

首先,中国法律中没有关于和解协议的规定。和解协议(accord and satisfaction),是指发生纠纷的当事人约定,相互让步和妥协以终止纠纷或者防止纠纷发生的契约。[①] 和解协议也属于合同,因此理论上应该适用一般合同法理,但是,和解协议作为特殊合同,有关当事人意思表示错误的合同法一般原则的适用,受到较多限制。其理由是,和解本身就是因当事人对各自权利义务具有的

① 参见邱聪智:《新订债法各论》,中国人民大学出版社2006年版,第323页。

不确定性而产生，因此如果当事人在达成和解协议之后，了解到其放弃了本来可以主张的权利后再以自己的错误作为撤销和解协议的理由，则和解几无可能，而这无疑摧毁了和解制度的存在基础。因此，和解协议的当事人往往不得以错误为由撤销和解协议。①

在我国现行法律中，《民法典》第 233 条规定："物权受到侵害的，权利人可以通过和解、调解、仲裁、诉讼等途径解决。"这一规定仅仅是从纠纷解决方式的角度规定当事人可以通过和解方式解决他们之间发生的纠纷，而对于当事人之间的"和解协议"是否构成当事人之间的一种合同关系并未予以明确，特别是对于和解的性质、要件、效力等诸多问题，均缺乏相应的规定。因此，和解协议的法律效力没有法律的明文保障，这也是为什么在纠纷解决实践中，当事人即使达成了和解协议，也希望到仲裁机构申请仲裁裁决，以确认和解协议的法律拘束力和强制执行力。

武汉仲裁委确认仲裁涉及和解协议的案件有两类：一类案件是当事人达成了和解协议并同意以此做成仲裁裁决的案件，绝大部分案件属于这一类情形；②另一类案件则是虽然当事人之前达成了和解协议，但后来一方当事人反悔，对已经达成的和解协议的法律效力表示反对，仲裁庭在经过审查后，确认和解协议的法律拘束力并以此为基础做成仲裁裁决的情形。后一种情形的案件，尽管武汉仲裁委确认仲裁的只有一例，却体现了仲裁机关对和解协议在中国法下效力的确认，对我国和解协议效力的发展具有重要意义。

---

① 参见邱聪智：《新订债法各论》，中国人民大学出版社 2006 年版，第 337 ~ 338 页；ALI, Restatement 2nd of Contracts, § 74; Dyer v. National By-Products, Inc., 380 N. W. 2d 732 (1986)。

② 在武汉仲裁委处理的部分案件中，仲裁裁决明确指出当事人达成了"和解协议"；还有部分案件，没有使用"和解协议"这一字眼，但是实质上也可以看出是和解协议。

其次，我国关于调解协议效力的法律规定存在不足。我国调解制度可以大致区分为法院调解、仲裁调解、行政调解、人民调解和国际商事调解。人民调解是由民间自治组织人民调解委员会主持进行的调解；人民调解在20世纪80年代被使用较多，自20世纪90年代开始作用下降，一个重要的原因就是人民调解达成的调解协议没有法律约束力。[①] 对于通过调解达成协议的效力，法律规定在很长时间内是不明确的。直到2002年，最高人民法院出台《关于审理涉及人民调解协议的民事案件的若干规定》，司法部出台《人民调解工作若干规定》，通过调解达成的调解协议的债权效力才得到了确认。至于行政调解，由于当事人往往被允许对调解决定进行上诉，所以也不具有法律效力。因此，只有法院调解和仲裁调解达成的调解协议，依法和判决裁决一样具有法律效力。这正是为什么当事人在经过其他机构或者个人的调解而达成协议以后，为了确保调解协议的效力，往往还希望借助确认仲裁来予以确定。

通过对和解协议或者调解协议进行确认来解决争议，表面上看并没有区别，但是，在实践中二者还是存在一定差异的。尤其是自我国香港特别行政区上诉法院判决高某某等诉肯尼耶控股公司案[②]之后，经过调解达成调解协议而结案的仲裁裁决，在境外有可能被判定为违反公共秩序而被拒绝承认与执行，但是如果是经和解结案的，则不存在这一问题。

3. 进行确认仲裁的人身伤害纠纷

人身伤害纠纷本质上属于侵权纠纷，而侵权纠纷不同于合同

---

① 参见范愉：《非诉讼纠纷解决机制研究》，中国人民大学出版社2000年版，第504～505页。

② Gao Haiyan & Anor v. Keeneye Holdings Ltd. & Anor (No. 2) [2012] 1 HKC 491.

纠纷之处主要在于,侵权纠纷有时涉及的不仅仅是受害人的权利或利益,还可能涉及第三人利益甚至公共利益,因此侵权纠纷当事人固然对因为侵权产生的赔偿请求权具有处分权,但是对于关涉第三人利益或者公共利益的部分,侵害人或者受害人就不具有完全处分权了。因为私法自治是仲裁的基础,所以,仲裁固然可以就当事人之间的损害赔偿作出有约束力的裁决,但对涉及公共利益的法律问题,如责任认定的问题,是否可以任由当事人意思决定,就存在疑问。因此,可以仲裁的侵权案件,往往是涉及当事人可以处分的权益且不会损害社会公共利益的案件。尽管现在的趋势是越来越多的侵权案件都可以仲裁,但在涉及反垄断纠纷、知识产权纠纷、基于腐败行为签订的合同以及破产等案件的可仲裁性问题上,还是存在较大的争议。[①] 而在仲裁案件的过程中,往往采取了所谓的"程序两分"(Bifurcation)的方法,即把责任确定和损害赔偿区分开。

武汉仲裁委通过确认仲裁处理的人身伤害纠纷,主要有因交通事故引发的人身伤害、意外事故和第三人犯罪行为引起的工伤。其中,意外事故案件是一起涉及某船舶公司职员因锅炉爆炸而身亡而产生的与雇主的保险理赔案件,因第三人犯罪引起的人身伤亡案件是船员在所工作的船舶被索马里海盗劫持后获释的身体伤害赔偿案件,实际上还是与雇佣合同相关的人身伤亡案件;交通事故案件,则是纯粹的人身伤害赔偿案件。这些侵权纠纷,往往涉及的损害不大,或者双方当事人责任比较清楚,较容易就赔偿达成一致;如果当事人对责任认定存在较大分歧,则当事人往往难以达成

① 2016年8月29日,江苏省高级人民法院针对某垄断纠纷管辖权异议作出终审裁定则认为,垄断纠纷涉及公共利益不具有仲裁性。

仲裁协议,而倾向于请求法院来处理。就交通事故案件的损害赔偿进行仲裁,实际上采取了程序两分的方法。责任确定往往已经由相关机关作出了认定,当然,由于赔偿与责任相区分且密切相关,而当事人又可以和解,因此也不排除当事人愿意作出妥协退让的情形。

武汉仲裁委对交通事故赔偿进行仲裁,就目前的仲裁实践来看,并不常见,是一种突破和创新。武汉仲裁委在原国务院法制办公室和武汉市政府以及武汉市公安局交通管理局的支持下,于2006年5月成立了交通事故损害赔偿仲裁中心,专门解决交通事故赔偿的纠纷。在通过仲裁解决交通事故赔偿之前,我国处理交通事故主要有公安机关调解和法院诉讼两种途经。就行政调解来说,根据我国2003年的《道路交通安全法》(第74条)、《道路安全实施条例》、《道路交通事故处理程序规定》第八章(第60条至第67条)的规定,我国道路交通事故一直都是可以通过公安机关进行调解解决的,但是公安机关的调解并不具有终局效力,不影响当事人的诉讼权利,公安机关对交通事故的当事人的责任(过错程度)认定也不具有拘束力,当事人可以向法院诉讼;但是,由于法院诉讼程序的复杂、漫长和高成本,当事人也不愿意到法院进行诉讼。武汉仲裁委通过仲裁来解决损害赔偿纠纷,显然提供了新的途径。

武汉仲裁委就交通事故损害赔偿责任进行确认仲裁所涉及的纠纷有两种类型:一种是肇事人和受害人之间的损害责任的确定,另一种是交通事故保险责任的确定。前者如果涉及的只是损害赔偿问题,并没有涉及其他严重损害公共利益或者第三人利益的行为,只要经双方当事人同意,完全可以仲裁解决。后者如果涉及的仅仅是保险人和被保险人的利益,不涉及第三人的赔偿,经双方达成的仲裁协议提交到仲裁委员会来解决,也是符合当事人意思自治原则的。

目前,武汉仲裁委有关交通事故损害赔偿,甚至是交通事故责任认定的确认仲裁,已经发展成和一般商事仲裁略有差异的纠纷解决方法,未来可以通过相关的案例汇编,形成交通事故处理的法律标准,促进交通事故处理确认仲裁法律制度的发展。

(二)确认仲裁案件的程序特色

武汉仲裁委确认仲裁的案件除从实体法角度来看具有上述三个方面的特点外,在程序上也有自己的特色。其程序特色主要表现为三个方面,包括仲裁程序的相当简化,谈判、调解、评估、裁决多元纠纷解决方法的综合运用,裁决内容与裁决请求的高度同一化。

1. 确认仲裁之程序简化

确认仲裁往往采用简易程序,案件解决非常迅速,这是它在实践中受当事人欢迎的原因之一。

确认仲裁所谓的程序简化主要包含两方面的意义。一方面,仲裁相对诉讼而言,其程序性规定不像诉讼一样严格。这一点在涉及涉外案件的仲裁时,甚至成为当事人选择仲裁的考虑因素之一。众所周知,涉外诉讼程序从送达到取证,再到开庭审理,耗时漫长;涉及在外国形成的证据时,中国法律还规定了须经过公证认证等冗长的行政程序。而在仲裁程序中,当事人可以约定,仲裁庭也可以决定对某些程序予以相当的简化。比如,在武汉仲裁委的确认仲裁案件中,就涉及一起涉外仲裁,仲裁的一方当事人是外国公司,按照民事诉讼法的规定,所有在外国的有关该公司的注册登记材料都必须经过公证认证,但是当事人通过仲裁合意,可以对这些程序规则进行修订,以避免这些复杂的要求。

确认仲裁的程序简化还意味着,确认仲裁相对于一般仲裁(类似于诉讼简易程序相对普通程序)而言具有的程序简化功能。一般仲裁机构都定有仲裁规则,对仲裁程序进行规定。但是,确认仲裁赋予当事人较大的自主权限,可以对程序规则进行修改。比如,在绝大多数的确认仲裁案件中,当事人都签署确认仲裁简化程序规则,当事人对文书送达、证据交换采取了协商一致的规则;而在我国诉讼规则中,这些规则很少有由当事人决定的余地。武汉仲裁委确认仲裁的这种简化程序的实践,在刚开始的时候在中国并不多见,现在有很多仲裁机构已经开始实施。这种做法也和某些国家的民事诉讼司法改革的趋势相吻合,和某些国家的诉讼或仲裁规则有着异曲同工之妙。武汉仲裁委关于当事人可以协商同意送达方式的规定是对我国程序法理论实践的一个发展。再如,在证据制度方面,确认仲裁很注意争点整理,以及对当事人自认的确认;同时,如前述案例,对于在国外形成的证据,如果当事人均无异议,可以免于认证、公证等形式。这对于当事人意思自治的贯彻是充分的,也是符合现代仲裁实践趋势的。

从武汉仲裁委编撰的确认仲裁案例来看,在确认仲裁案件中,当事人往往会放弃相当多的程序权利,如要求质证的权利、要求公开审理的权利、进行辩论的权利等。确认仲裁的程序简化,可以起到节约成本,节省时间,迅速解决纠纷的作用。

2. 确认仲裁之多元纠纷解决方法

在确认仲裁程序中,常常是将调解、裁决、中立评估和当事人谈判等方法综合运用,来促进当事人达成妥协让步,从而解决纠纷。所以,确认仲裁既有调解和仲裁的结合,也有调解、仲裁、评估程序的结合，还有仲裁和谈判的结合，具有很大的灵活性。

这种将多种纠纷解决方法结合运用的鲜明特点，不仅体现在法律关系较为简单的合同履行的纠纷中，还体现在法律关系非常复杂的复合纠纷中。

前者的典型如有关交通事故的纠纷。交通事故损害赔偿的仲裁，实质是一种融合调解、专家评估和仲裁的纠纷解决方式。仲裁员常常是交通事故处理方面的专家，对交通事故处理具有丰富的经验，他们在接手案件之后，往往能对案件的实际情况有较为客观的评估，在此基础上，他们能够对当事人的请求进行斟酌损益，有助于当事人达成较为合理的损害赔偿方案，然后以这种调解达成的协议为基础作出仲裁裁决，以保证调解或者和解协议的强制执行力，这有助于交通事故的快速、最终解决。

此外，在合同案件中，采取了一种将仲裁和中立评估结合起来的方式。例如，在一起保险理赔案件中，武汉仲裁委就结合了评估、调解和仲裁三种方式。在该案中，武汉仲裁委采用了国际上保险理赔的先进工作机制，请中立的第三方评估机构对损失进行评估，避免了保险人和被保险人相互不信任，不屈服于彼此的保险损失估算结果，最终很好地解决了纠纷，达成了和解，并获得了具有强制执行力的内容。这种结合评估、调解和仲裁的机制，在建筑工程纠纷的解决中将发挥重要作用。

后者的典型如武汉仲裁委处理的拆迁还建安置权益让渡的纠纷、城中村改制的纠纷。前者是一起涉及拆迁安置权益在家庭中分配的纠纷，是不动产权益纠纷和家庭纠纷混合的纠纷；后者是一起涉及城市改造中的城中村改制为公司确定股东及相关利害关系人股权和其他权益的纠纷。在这些纠纷中，仲裁员通过为当事人解释法律规定，确定其合法权益，同时鼓励当事人适当让步，最终达成了和解，从而解决纠纷。这些纠纷的解决，很大一部分工作在于程序外和当事人的沟通交流、斡旋调解，是典型的以调解与仲裁、和解与仲裁相结合的解决纠纷的方法。

3. 确认仲裁之裁决内容与仲裁请求同一

确认仲裁裁决一般是对当事人要求确认的法律事实作出裁定，其内容虽表现为对和解或者调解协议的确认，但往往有一份独立的仲裁裁决书，裁决书的内容和当事人达成的调解协议或者和解协议高度同一。之所以如此高度同一，是因为仲裁裁决书和法院判决书一样在现实生活中具有重要的作用。一方面，不动产尤其是房屋买卖合同的解除，常常要法院判决书或者仲裁裁决书作为佐证，才能为房地产部门所认可，以起到公示公信的作用；有关商品房买卖合同解除的确认仲裁案例，基本上都是出于这一目的而提出的。另一方面，仲裁裁决书是法院强制执行的依据，所以为确认仲裁当事人所重视，这是其他文件包括当事人的和解协议与调解协议都代替不了的。

但是，也应注意到，确认仲裁裁决书内容也并不总是和当事人达成的和解或者调解协议一致。在实践中，如果出现当事人达成的协议和法律的强制性规定有一定出入，此时确认仲裁的裁决和当事人所请求的内容具有一定的差异；在这种情况下，一方面，需要注意是否存在超裁的情形；另一方面，需要防止当事人为了实现非法目的，利用确认仲裁作为达到目的的手段，此时仲裁庭不仅不会认同当事人的协议并以之为据作出裁决，还会驳回当事人的申请，拒绝裁决。和解协议或者调解协议的合法性问题，尤其是是否对第三人利益或者国家利益造成损害，也是一个在武汉仲裁委的确认仲裁中引起了高度重视的问题。

总之，武汉仲裁委确认仲裁经过多年的发展，积累了丰富的经验，形成了比较鲜明的特点。确认仲裁的丰富实践，不仅从实体法上弥补了我国合同清偿制度中“以物抵债”“新债旧偿”“合同更新”“和解协议”“流质契约”禁止等制度的缺失，对上述制度在中国的发展作出了肯定和贡献；也对扩大可仲裁案件的范围，尤其是将确认仲裁运用于人身伤害赔偿案件，以及其他侵权案件赔偿方面进行了开拓；同时在确认仲裁的具体实践中，强调多元纠纷解决方法的综合利用，尤其着眼于仲裁程序的简化和方便当事人，既适应了国际多元纠纷解决制度发展的潮流和趋势，也是对中国多元纠纷解决机制的一种创新。

三、确认仲裁的未来思考

确认仲裁制度既对我国现有的纠纷解决制度作出了创造性的贡献，同时在实践中也有一些值得注意的问题。

(一)确认仲裁的法理贡献

确认仲裁制度具有多方面的贡献。一方面，确认仲裁制度回应了我国实体法对私法自治贯彻的不足，促进了私法自治在合同清偿、和解协议以及仲裁范围等问题上的发展。另一方面，确认仲裁制度继承了我国多元纠纷解决机制的优良传统，同时也积极回应了国际多元纠纷解决机制的发展趋势，创造性地发展出了适应社会需要和当事人需求的多元纠纷解决制度。

首先，确认仲裁促进了私法自治在我国实体法上的进一步贯彻。

我国合同法以及相关的私法制度对社会生活中常常出现的某些交易缺乏规定，有些方面即使有所规定也不够完善。前述我国和解协议制度的缺失、部分债务清偿制度的阙如，都会导致这些民事交易在现实中得不到法律保障。这些都必然要求有相应的纠纷解决制度包括诉讼和仲裁制度来完善，确认仲裁制度便起到了弥补不足的作用。

确认仲裁对实体法发展的贡献可以大致分为两个方面：其一是对于我国合同法制度上没有明文规定的合同清偿制度从仲裁的角度进行了发展，事实上赋予了合同更新、以物抵债、新债旧偿等制度为其他国家法律所认同的强制执行力；其二，通过以仲裁方式对和解协议进行确认，推动了和解协议制度的发展。普通法上有一句法谚“无救济即无权利”，很多实体法上的制度，是首先有了程序上的救济以后，才逐步确立的。我国的确认仲裁制度作为一种救济方式、纠纷解决方式，正发挥着创设实体权利的作用。

其次，确认仲裁创造性地发展了我国多元纠纷解决机制。

国际多元纠纷解决制度自20世纪60年代以来的蓬勃发展，是世界纠纷解决制度发展和民事司法改革的一个突出特点。随着科学技术的发展和国际协作程度的提高，跨国的人员、资本、货物、服务往来日益频繁，从而导致了纠纷的多样化和纠纷解决方式的多元化。这一情形在中国也不例外，甚至更加突出。改革开放以前，人民财富有限，中国社会的民商事纠纷数量很少，种类也很有限。同时，对于这些数量和种类有限的纠纷，现有的社会资源也可以比较好地消化和处理。但是，自改革开放以来，社会经济高速发展，人民财富迅速增长，生活水平日益提高，权利意识不断增强，这些都导致纠纷数量大幅增长，种类日益多样化，而法院的纠纷解决功能则有些不足。社会和人民对高质高效的纠纷解决服务的需求迅速增加，而我国现行法律制度下的多元纠纷解决机制的不足，不能很好地回应社会实践的要求和人民的需求。具体而言，由于法律制度不完善，各种和解均无法律约束力，更无强制执行力，从而无法满足当事人确认权利、维护利益的需要，也无法实现定分止争的目的。

中国历史上对于民事纠纷都以调解的方式解决。现代调解被誉为“东方经验”，在多元化纠纷解决机制中备受推崇。尽管中国传统调解和从西方发展起来的现代调解存在诸多差异，但调解作为一种纠纷解决方式在人们观念中依然占有重要位置，这为多元纠纷解决机制的发展提供了社会心理基础。

确认仲裁制度是中国特色的多元纠纷解决机制之一。确认仲裁在国际仲裁实践中虽然得到承认，但无论是理论研究还是具体实践，并不丰富。在中国，确认仲裁在经过了武汉仲裁委的发展之后，得到了全国仲裁机构的重视，其对于实体法的促进和程序法的发展，尤其是在综合运用多种纠纷解决方法解决纠纷方面，取得了突出的成绩，并获得了迅速的发展。可以说，这是对中国特色的调解仲裁制度的发展和升华。

确认仲裁制度在推动我国程序法发展的贡献主要有三个方面。首先，创造了程序分割（bifurcation）和程序综合（combination），将责任认定和损害赔偿分开处理，充分运用谈判、调解、中立评估和裁决等不同的纠纷解决方法，使纠纷解决程序更加灵活、便捷。其次，创造了类似“旋转门”的程序整合（revolving-door court），实现在其他国家通过法院来实现的纠纷解决方式的创新。确认仲裁实现了把武汉仲裁委作为纠纷解决“旋转门”的目的，有力地促进了武汉仲裁委实现纠纷解决多样化的目标。最后，对侵权纠纷的当事人通过友好协商订立和解协议解决纠纷的方式也予以了确认，扩展了仲裁法可仲裁性的范围。

对确认仲裁这些贡献的概括，并不是否认其他多元纠纷解决实践、仲裁实践甚至诉讼实践也在类似情形下作出过的相同贡献。本文的目的是希望从武汉仲裁委确认仲裁实践中的具体、丰富的案件出发，做一些一般的归纳和概括。实际上，确认仲裁的有些经验和教训也为其他实践如调解仲裁所共有，这正说明了确认仲裁作为中国多元纠纷解决方式百花园中的一株花蕾，的确体现了我国多元纠纷解决机制的特色，继承了多元纠纷解决的传统，并在一定程度上发展了我国的多元纠纷解决制度。

（二）确认仲裁未来应注意的问题

承认确认仲裁，是中国特色的多元纠纷解决机制的一种创造发展，但确认仲裁也并不是完美无缺的。确认仲裁实际上是仲裁机构以调解、裁决、评估为手段，以仲裁裁决强制执行力为载体，充分考虑当事人在纠纷解决中的多种需求，促进纠纷当事人和解双赢的一种纠纷解决方式。在确认仲裁的未来发展中，至少有两个方面的问题值得重视，并在实践中审慎对待。

一是主持确认仲裁的仲裁员的中立性问题。当事人在调解过程中所做的让步，在确认仲裁未能成功实现的情况下，应不能在后续的程序中作为证据使用。确认仲裁从本质上说是将仲裁、调解、评估结合起来，在这个过程中，调解员和仲裁员是一身二任，这时，从现代多元纠纷解决的理论上来看，如何保证调解员和仲裁员二者之间的角色适当独立，对于纠纷解决和程序公正具有重要意义。武汉仲裁委所裁判的案件，常常伴随调解，因此对在调解中所做的让步是否会成为后续仲裁判断或者法院判决中的证据而适用，也值得重视。此外，调解中有关调解程序保密性、调解员中立性的规定，对于确认仲裁的发展也有现实意义。

二是要防止当事人以达成和解协议获得仲裁裁决强制执行力为手段，从事非法活动。确认仲裁的进行，由于对当事人合意的尊重，以及程序上的省略，加上最后获得的仲裁裁决具有法律约束力和强制执行力，也有为不法当事人利用以实现非法目的的风险。几乎所有仲裁规则都允许仲裁庭有权拒绝将和解协议制作为和解裁决，前提是仲裁庭有充分理由相信该仲裁或和解协议用于非法活动。例如，这种不当的行为可以包括滥用权利、洗钱、贿赂、资助恐怖主义、违反竞争法或掩盖其他非法活动。此外，由于仲裁解决纠纷范围的扩大，对有些侵权纠纷，如果涉及社会公共利益或者第三人利益的处理，当事人达成的和解协议是否会侵犯这些利益有待考量，且由于仲裁具有秘密性，仲裁结果常常不易为外人所知，故仲裁机构在进行处理时更须小心翼翼。尤其是，我国有其他仲裁机构在试行对医疗纠纷进行仲裁，而医疗纠纷往往产生于病人与医疗机构间的合同，这些医疗合同往往是涉及人身伤害的较长期的合同，且当事人也有保密的需求，因此对病人与医疗机构来说，这类仲裁在未来会如何发展，值得期待。但是，对医疗纠纷进行仲裁，就意味着确立一些医疗纠纷规则，同时会影响第三人包括其他病人的利益和社会公共利益，对此应如何进行协调，值得思考。

三是“先予仲裁”的问题。“先予仲裁”是指双方当事人在合同签订的同时，为保障其合法权利将来得以实现，预防纠纷，避免以后再去仲裁或诉讼的麻烦，迫使双方履行确定的条款，而约定通过本仲裁机构就合同所涉及的内容提前仲裁，以调解方式结案，并出具调解书或据双方要求制作裁决书的一种仲裁形式。考虑到“先予仲裁"在商事主体之间具有的便利性和纠纷解决的及时性，我国对所谓"先予仲裁"一概否认的态度有必要作出微调，对于成熟商事主体之间的"先予仲裁"条款，在满足了法律规定的充分知悉的程序要求后，应该承认其有效性，对因此作出的仲裁裁决，应该承认其效力。但是，对于消费者和商事主体之间的合同中包含的"先予仲裁"条款，则可以否认其效力，以保护弱方当事人的利益。

总之，确认仲裁是一项具有蓬勃生命力的争议解决制度的创新，它必将随着中国多元化争议解决实践的发展而不断完善，在这个漫长的历史过程中，这项制度也会遭遇不同的问题和挑战，通过学者的深入研究，以及实务界和理论界的共同协力，这些问题和挑战会得到很好的解决。

四、结论

确认仲裁是我国仲裁机构主动适应市场经济要求和纠纷当事人的需求，积极呼应国际多元纠纷解决机制发展的潮流和趋势，在深刻洞察我国市场经济法律制度和我国非诉纠纷解决制度的基础上，创造性地将仲裁终局效力和多元纠纷解决方式结合，而发展出的一种中国特色的多元纠纷解决实践。我国民法中和解协议、代物清偿、新债旧偿、合同更新等实体法制度的缺失，禁止"流质契约"的过度规范，都直接导致在社会生活中当事人进行相关交易具有不确定性，确认仲裁制度通过对当事人的这些交易的法律效力甚至强制执行力进行确认，更好地促进了当事人私法自治在实体权利处分上的作用。同时，通过受理案件多样化、仲裁程序简单化、纠纷解决方式运用综合化，对我国多元纠纷解决制度作出了创造性的发展。总之，确认仲裁具有鲜明的特点和特色，值得大力推广和发展，但在其快速发展的同时，也要注意防范潜在的法律风险，以便能更好地为我国的纠纷解决和司法正义事业服务。

Abstract "Affirmation arbitration" is hailed as an institutional innovation of multiple dispute resolutions developed by China's arbitration institutions in arbitral practice. Evolving against an international background where developed market countries and regions such as European countries and the U. S. place a higher respect on consent arbitration or consent judgment, affirmation arbitration boasts of its obvious Chinese Characteristics, which are reflected on both the substantive contents and the procedural features of disputes subject to affirmation arbitration. Frequently, the disputes being referred to affirmation arbitration concerns rules of law under which party autonomy that should have been respected yet has not been honored, with affirmation arbitration serving as a tool for confirming party agreements with respect to specific legal arrangements. In procedural aspect, affirmation arbitration applies multiple dispute resolution methods, focusing on the simplification of procedure through parties' stipulation. Affirmation arbitration embodies the emphasis of party autonomy, and contributes to the creative development of multiple dispute resolution in China. Its further development and perfection require the assurance of impartiality of arbitrators serving in affirmation arbitration process, the prevention against of using affirmation arbitration to engage illegal activities, and the legitimacy and validity of affirmation arbitral awards issued before the emergence of a dispute between the subjects of a commercial transaction.

Keywords affirmation Arbitration Wuhan arbitration commission confess judgments pre-dispute affirmation arbitration party autonomy multiple dispute resolution

城市码头文化与武汉仲裁①

黄雄义*

摘　要　从人类社会的发展轨迹来看，仲裁往往兴起于商业繁荣、交通发达、社会开放的地区，如地中海沿岸、西欧港口城市，又如我国的上海、天津、武汉等地。而在陆路交通和航空运输尚未起步的中国古代社会，交通形式主要集中体现于水运交通，这便决定码头与仲裁存在某种特殊的关联。武汉作为一座因码头而兴盛的城市，有着浓郁的码头文化，包括码头商业文化、码头移民文化以及因码头生活所积淀而成的各种价值观念。武汉仲裁的产生、推广及发展，在很大程度上也得益于城市码头文化的支撑和带动，伴随城市码头文化的逐步演进而兴起。

关键词　城市码头文化　仲裁　汉口　商业社会

19世纪在商品经济迅猛发展和全球化的带动下得以普遍确立并实现现代化转型。② 透过时间维度深入观察仲裁发展的空间环

① 本文为武汉市法学会、武汉仲裁委员会"武汉仲裁专史"课题的阶段性成果。

* 武汉大学马克思主义学院讲师、博士后，武汉大学法律文化研究中心助理研究员，法学博士。

② 参见宋连斌编：《仲裁法》，武汉大学出版社2010年版，第24~26页。

境，可以发现，它每一阶段的演进都基本发生于交通发达和商贸繁盛的地区。即便是当今之中国，发展较好的仲裁委员会也多集中于港口或陆路交通发达之城市。[①] 这似乎证明了一条隐性定律，越是交通便利和商业繁荣的地区，民间争议纠纷繁复多变越是常态，“仲裁”这种强自治性的纠纷解决机制越是容易获得施展的空间。而这些地区得天独厚的环境，也能为仲裁的发展提供源源不断的生长养分，促使仲裁机构、仲裁规则、仲裁系统的渐趋完善。从这个层面来看，仲裁本身就是城市化的一种体现。

武汉仲裁历来是中国仲裁事业的重要一域。从清末汉口总商会的商务裁判所，到民国时期汉口总商会的商事公断处、汉口商民协会的“仲裁部”、工商俱乐部的仲裁机关，再到新中国成立后的行政仲裁，乃至当今的武汉仲裁委员会，莫不在中国仲裁史上留下了浓墨重彩的一笔。尤其是当今的武汉仲裁委员会，作为全国最具影响力的仲裁机构之一，无论是受理案件数量、案件标的额，还是调解率和履行率，均在全国名列前茅。究其缘由，应与武汉这座城市本身所处的地理人文环境及其形成的码头文化密切相关。武汉素来有“九省通衢”之说，水陆交通极为发达，便利的交通条件亦带来了繁荣的商品经济。清中期文人叶调元在流寓汉口时写下了传唱后世的《汉口竹枝词》，其中“廿里长街八码头，陆多车轿水多舟”即对汉口码头的真实写照。因此，可以说，武汉的城市码头文化在一定程度上孕育和促成了武汉仲裁。本文拟以武汉的码头文化为视角，剖析武汉仲裁的特色及其得以迅速发展的文化根源，以期求教于方家。

① 如2018年案件受理量居全国前十的仲裁委员会，其中有六家处于港口城市（包括武汉、广州、重庆、深圳、上海、南京），另外四家的交通亦极为便利（包括北京、西安、成都）。

一、武汉码头文化的积淀历程

关于“文化”的定义,不下数百种。早在20世纪50年代早期,人类学家A. L. 克虏伯和克莱德·克拉克洪从学术文献中搜集的“文化”概念就超过100个,更勿论近70年来出现的新的文化概念。[①] 在众多文化概念里,最为经典的莫过于英国著名人类学家爱德华·泰勒在《原始文化》一书中对文化的界定:“文化是一个复杂的总体,包括知识、信仰、艺术、道德、法律、风俗,以及人类在社会里所得的一切能力和习惯。”[②]“城市码头文化”是基于码头所形成的一种城市文明,既“是基于港埠贸易与河运经济而形成的一种生活方式与行为方式”,[③]又是涵盖码头特有知识、习惯、制度、思维方式、价值观念、审美情趣等元素的复杂综合系统。

一座城市若要形成灿烂厚重的码头文化,前提在于这座城市拥有足够大、足够多的码头,也就是江河沿岸及港湾内、供停船时装卸货物和乘客上下的建筑。作为一座因便利水陆交通条件而兴起的城市,武汉无疑是具备这一天然优势条件的。在武汉城市演变史中,码头始终扮演着极为重要的角色,既保持着武汉交通枢纽的地位,也推动着武汉城市的持续发展,还赋予了武汉独特的人文气质。武汉城市码头的发展过程,也就是武汉码头文化不断积淀和演进的历史进程。

(一)武汉码头的历史演进

早在先秦时期,武汉地区已出现盘龙城。从盘龙城所处地理

① 参见[美]威廉·A. 哈维兰等:《文化人类学——人类的挑战》,陈相超、冯然译,机械工业出版社2014年版,第27页。

② [英]爱德华·泰勒:《原始文化》,连树声译,广西师范大学出版社2005年版,第1页。

③ 周德钧:《近代汉口码头文化的社会学解读》,载《湖北大学学报(哲学社会科学版)》2009年第4期。

位置来看，它三面环水，南面府河，上游与涡水、环水相通，下游与滠水汇聚，故其城市设施必定包括水运码头等基建工程，可通过舟船集中运输往来产品。春秋战国之时，武汉地区已发展为南北互易的重要商业枢纽。“楚国封于今鄂州一带的封君鄂君启所持金节表明，鄂君庞大的船队经商运营的水路共4条，其中就有3条在武汉地区中转。”[1]

秦汉之际，武汉地区开始正式出现地方建制。《汉书》有载：“江夏郡，高帝置，属荆州。”[2]郡下辖十四县，其中西陵、沙羡等县即当今武汉地区。这是一个重大的转折点，意味着武汉在城市的行政区划、层级和建制上发生了质的变化，开始成为一个独立的地方行政管理单元。得益于此，武汉的城市地位、城市知名度和影响力、城市管理水平进一步提高，码头等城市设施的建设也被进一步加强。东汉著名文士蔡邕在《汉津赋》中描述了彼时汉水一带的盛况：“南援三洲，北集京都，上控陇坻，下接江湖。导财运货，懋迁有无。”三国魏晋南北朝时期，武汉地区的航运与商贸得到进一步的发展。这既源于东吴政权在今鄂州一带的重点经营，亦得益于南北朝时期衣冠南渡，经济重心从北方转移到长江流域。而这一时期各方势力对江夏郡（包括夏口等地）的争夺，也说明武汉在交通战略上的重要性。

及至隋唐与两宋，相对稳定的政权统治和日益多元的商品元素，为武汉地区的持续发展创造了良好的外部环境。在发达的水运交通的支持下，武汉的发展更是日盛一日，自唐代以来就被称为“官商行旅辐辏之区”。这从唐宋诗词的描述中即可得见。李白在

① 皮明庥主编：《武汉通史》（先秦卷），武汉出版社2008年版，前言。
② （汉）班固：《汉书》，中华书局1962年版，第1567页。

赠别江夏太守韦良宰时留下的传世名句“万舸此中来，连帆过扬州”，将彼时武汉舟船盛况展现得淋漓尽致。贾至的《沔州秋兴亭记》，也将武汉地区形容为“阅吴蜀楼船之殷，览荆衡薮泽之大”的繁盛之所。南宋诗人范成大曾从成都沿水路东下到杭州，将一路见闻写成了《吴船录》，其中对鄂渚[①]鹦鹉洲前南市堤下的风貌进行了描述：“南市在城外，沿江数万家，廛闬甚盛，列肆如栉。酒垆楼栏尤壮丽，外郡未见其比。盖川、广、荆、襄、淮、浙贸迁之会，货物之至者无不售，且不问多少，一日可尽，其盛壮如此。”

待至明清，汉口因其天然的地理优势被开发为良港，“商务日隆，与河南朱仙镇、江西景德镇、广东佛山镇并称全国四大名镇。”[②]《清实录》中就常见对武汉交通发达、商业繁盛的描述。如乾隆三年，湖广总督宗室德沛奏称“湖广汉口一镇，为七省水陆通衢”；[③]乾隆十年，湖北巡抚晏斯盛奏，“汉口一镇，商贾辏集。请令盐、当、米、木、花、布、药材、六行，及他省会馆，各建社仓，择客商之久住而乐善者，经理其事”。[④] 而雍正十三年（公元1735年）的一起事例也从侧面反映出汉口水运之发达，“又湖南因经理贵州苗疆军务，未暇转运，以致汉口盐壅未销，积至七八百万包”。[⑤]

清末汉口开埠后，武汉成为对外通商口岸，码头的数量呈几何倍数增长，被誉为“东方芝加哥”。1850年，汉口仅有艾家嘴等8座码头，几乎全部分布在汉水流域。到1868年，汉口汉水沿岸从硚

---

① 古地名，相传在今湖北武昌黄鹤山上游三百步长江中。

② 武汉地方志编纂委员会主编：《武汉市志》（商业志），武汉大学出版社1989年版，概述。

③ 《清高宗实录》卷七十二，载国学大师网，http://www.guoxuedashi.net/a/5701m/89001j.html，最后访问日期：2021年4月15日。

④ 《清高宗实录》卷二百三十七，载国学大师网，http://www.guoxuedashi.net/a/5701m/89166y.html，最后访问日期：2021年4月15日。

⑤ 《清高宗实录》卷五，载国学大师网，http://www.guoxuedashi.net/a/5701m/88934i.html，最后访问日期：2021年4月15日。

口到龙王庙，码头增至35个；而从龙王庙至武汉关长江沿岸码头，从无到有，增至16个……至新中国成立前夕，武汉共有小码头243个，陆码头220个，码头工人5万多人。[①] 据日本学者水野幸吉的考证，彼时汉口已然形成火轮船和民船一体的航运业体系，其中汉口到上海、宜昌、湖南、日本大阪等地区的航线相当成熟，更有汉水航线作为辅助。[②] 彼时汉口可谓内地各省商品的集散中心，不仅粮米远销江浙，盐务一事，亦足以甲天下。

新中国成立以来，伴随陆路交通和航空运输的迅猛发展，武汉的传统航运优势虽然作用不如以前，但武汉交通枢纽的地位仍未改变。经历了短暂的转型阵痛后，武汉开始由传统单一的内河码头向现代立体大码头（水运、铁路、公路、航空及信息港等）转变，迎来了"海洋经济时代"。2004年，长江中上游首家内地与香港合资的武汉阳逻集装箱码头一期工程正式建成投产，这意味着武汉码头迎来了新的发展契机。而今的武汉，坐拥武汉港、汉口港、武汉新港、沌口港、阳逻武汉新港等多个国际大港，依然是中国内陆最大的水陆空交通枢纽和长江中游航运中心。

（二）武汉码头文化的内涵

在这漫长的历史发展过程中，码头一直是武汉城市发展最为关键和坚固的硬支撑。"码头是武汉的一个起始点，一个关键的链接点。武汉的码头文化演进，大致可以从三个时期进行分析，其一是汉水改道之前以长江为主的码头，其二是汉水把武汉分成三镇之后形成的码头，其三是西方文化传入武汉之后形成的码头。武

---

① 参见袁北星：《试论武汉码头文化的现代转型》，载《湖北大学学报（哲学社会科学版）》2009年第4期。

② 参见［日］水野幸吉：《中国中部事情：汉口》，武德庆译，武汉出版社2014年版，第72～89页。

汉文化是随着码头的改变而改变的。如果武汉这个地方没有码头，就难以形成武汉这样繁华的城市。”[①]码头使得本地商品输出和外地商品输入均成为可能，亦为来往船只提供了休息和交易的场所，还为本地居民创造了诸多的就业良机，武汉正是依靠码头才得以逐步发展成为中心城市。既然码头于武汉城市的形成和发展如此之重要，那么它在武汉的城市文化中烙下深刻的印记，进而积淀成武汉特有的码头文化，也就不足为奇了。有学者就曾指出：“在长期的发展历程中，从明清时‘四大名镇’之一到近代辟为通商口岸，到现代内陆航运转输，港口商贸经济和码头产业造就了武汉经济，码头文化奠定了武汉文化。”[②]

那么，武汉码头文化到底包括哪些内涵呢？它在不同的方面有着不同的体现。首先，从整体上来看，武汉码头文化是一种以武汉码头为基础载体，围绕码头的经济、社会、人情等元素而形成的复杂文化系统。从器物文化层面来看，武汉码头文化包括各种风格的码头建设工程、各个行业的商业团体、各种类型的制度规则甚至码头生活中的用具、食物、习惯，等等。从精神文化层面来看，在悠久的历史进程中不断积淀聚合成武汉这座码头城市所特有的风俗人情、价值观念、思维逻辑、情感方式等精神模式，如开放包容的价值观、“打码头”的奋斗观，等等。其次，从某种程度上来说，器物文化是精神文化的外在体现和物质载体，蕴含着精神文化的内涵，又深受精神文化的引导。且武汉码头的精神文化对于武汉城市的发展、武汉人民的行为都有着更为深层次的指引意义。恰如学者

① 王玉德：《武汉码头文化的历史源流与发展演变》，载《世纪行》2011 年第 5 期。

② 袁北星：《试论武汉码头文化的现代转型》，载《湖北大学学报（哲学社会科学版）》2009 年第 4 期。

所说："换而言之，汇集起来的那些制度的、物质的、理论的、思维的'成果'，包含了规定人们行为的各种观念，但并不是这些'成果'本身，而是隐含在这些'成果'中的观念及所连结成的规则体系，规定和指引了人们的行为，这就是文化。"[①]

二、武汉码头文化与武汉仲裁的内在关联

如前所述，越是临近水域并有着便利的水陆交通条件的地区，越容易孕育并推动仲裁的发展，这是仲裁发展的一条隐性定律。武汉仲裁进一步论证了这条定律的正确性，它的源起和演进，与这座城市的码头文化有着密切的内在关联。码头文化在一定程度上催生了武汉仲裁，并持续影响和作用于武汉仲裁的日常发展；武汉仲裁的繁荣与兴盛，反过来又为城市码头的纠纷解决提供了有力支撑，促进了相关商贸事业的发达。二者在漫长的历史进程中相辅相成，携手并进。

（一）码头商业文化与武汉仲裁的产生

从武汉仲裁的产生来看，在很大程度上得益于武汉码头的商业文化。在中国古代社会，武汉素来是历朝历代的重要商贸基地。近代汉口被辟为通商口岸后，武汉更是成了国内市场与国际市场对接的核心区域之一。以外贸数据为例，"光绪二十三年，汉口口岸外贸总额为 7000 万两，宣统二年为 16000 万两，增长 1.3 倍，1928 年高达 28000 万两，又比光绪二十三年增加 3 倍。外贸成交总额常居全国五大港口的第二位，仅次于上海。"[②]新中国成立后，武汉三镇合并，备受重视，逐渐发展为三镇一体、拥有多个商业中心区的特大型城市。如新中国成立初期，中南区各专业贸易公司

① 陈晓枫：《法律文化的概念：成果观与规则观辨》，载《江苏行政学院学报》2006 年第 1 期。

② 武汉地方志编纂委员会主编：《武汉市志》（商业志），武汉大学出版社 1989 年版，概述。

均在武汉设立,商业部以及各省均在武汉成立了相关工作站,业务范围涵盖中南六省二市。可见,无论在哪个时代,武汉始终是国家经济事业的重要拼图。

码头商业的发达,意味着商业纠纷会是一种常态,武汉的商业纠纷远甚于其他地区。毕竟当不同行业、不同地区、不同国家的商业主体,就种类繁多的商品集中在某一地区进行贸易时,会基于社会背景、行业规则、地区习惯等方面的差异而产生或多或少的争议。如何解决这些争议和纠纷?码头城市有着与常规纠纷解决机制不同的方式。它们明显倾向于借助公所或会馆等民间私力救济,代表官方威权的衙门诉讼救济反而成为次要选择。这与码头特有的商业文化密切相关。武汉码头的商业是开放型、流动型的,它积淀而成的商业习惯、商业模式、商业规则源于诸多地区与不同行业,可谓极为复杂。以至于有学者说,"中国汉口可以说是商业习惯最复杂的地区之一,外人很难窥其内情",[①]"这些习惯或做法都是同行业人士经过多年交易所形成的惯习,又通过公所组织的作用,将这些默许的规定,作为潜规则固定下来"。[②] 在此背景下,公所与会馆等码头自治性商业组织,也就成了解决商业纠纷最具优势的选择。公所或会馆与各等商业主体有着天然的地域或行业联系,公所实质上是由同乡建立起来的地缘机构,会馆乃是同业者为行业发展设立的业缘团体。相较于官府而言,这些机构团体更加了解相应的商业习惯和规则,它们的负责人也均具备码头商人所认可的江湖地位与社会身份。

公所与会馆解决商业纠纷的模式,可以说是近代中国仲裁的

① [日]水野幸吉:《中国中部事情:汉口》,武德庆译,武汉出版社2014年版,第122页。
② 同上书,第121页。

原型抑或是萌芽。汉口“行会领导者也常常充当交易合同的仲裁人,并在解决成员之间的商业纠纷中发挥有效作用。同样,也充当本行会成员与其他行会成员之间的仲裁调停人(为了追求共同的利益,可以通过委托两个行会,一起承办一场戏剧表演,最终达成某种合作关系)”。[①] 美国传教士玛高温更是直接将中国行会解决纠纷的过程形容为一场“仲裁会”:“本行会公同议定:凡本会成员之间所发生的钱财方面的争端,均应服从本会仲裁,在仲裁会上将尽最大的努力就争端达成一项满意的协议……行会不仅在财物纠纷上有权裁决,而且对于行会成员之间的一般性纷争也具有调停的职能。”[②]及至清末民初,商品经济的持续发展与商人主体地位的进一步提升,司法部与农商部开始从官方角度要求各地商会设立商事公断处,对商事纠纷进行仲裁。1913 年公布的《商事公断处章程》总则规定:“商事公断处附设于各商会,公断处对于商人间商事之争议立于仲裁地位以息讼和解为主旨。”其仲裁机关的法律定位跃然纸上。汉口总商会顺应社会时势与自身商业发展的需要,迅速设立了商事公断处,首任处长为郑焕文。商事公断处诸评议员主要是汉口总商会的会董,他们深谙汉口商事习惯,评议是非多按汉口商业惯例,较汉口当局依部定审判章程公断更加适宜,在解决码头纷争方面发挥了重要的历史作用。[③]

改革开放后,武汉这座城市积淀形成的码头商业文化,又使武汉仲裁委员会得以在我国《仲裁法》颁布后迅速崛起。繁盛厚重的

① [美]罗威廉:《汉口,一个中国城市的商业和社会(1796—1889)》,江溶、鲁西奇译,中国人民大学出版社 2016 年版,第 330 页。

② [美]玛高温:《中国的行会》,载彭泽益主编:《中国工商行会史料集》,中华书局 1995 年版,第 10 页。

③ 参见邓晶:《近代汉口总商会研究(1916—1931)》,华中师范大学 2012 年硕士学位论文,第 54 页。

码头商业文化,既让武汉始终有着较为发达的商业经济基础,还在武汉人内心植入了一种热衷于自治救济的纠纷解决意识。前者为武汉仲裁的重新起航奠定了稳固的市场环境和社会需求,后者则为武汉仲裁打造了普遍的社会群众基础,二者相结合携手铸就了武汉仲裁发展的历史契机。1997 年组建武汉仲裁委员会时,商会就参与其中,为仲裁业务之拓展和仲裁机构之宣传贡献了重要力量。武汉仲裁委员会前主任刘健勤也曾在专访中指出:“市场的发展变化我们要第一时间了解,因为我们的职责是为市场服务。试问仲裁委真的是坐堂办案吗?不是,我们的目的是为市场提供法律服务,是解决商事纠纷,这就要求我们及时了解市场的需求和所思所想。”这番陈述,深刻表明了武汉仲裁委员会在解决纠纷方面的自治特色,那就是充分尊重市场需求和当事人的需要,以一种异于传统“坐堂办案”的亲和姿态主动融入市场。服务于市场的自我定位,与武汉码头的商业文化高度契合,也自然会受到越来越多的当事人认可。

(二)码头移民文化与武汉仲裁的推广

码头文化的另一项重要内容便是移民文化。码头能孕育出丰富多彩的移民文化,主要得益于三个条件:其一,发达的商业以无限的商机,吸引了全国各地乃至外国人员的入驻;其二,便利的交通条件使大型、频繁的移民成为可能,尤其是在陆路交通尚未完全开发的情况下,码头水运交通更是不二选择;其三,依靠码头形成的城市通常较为开放和包容,这对于外来移民而言无疑是很好的移居对象,他们毋庸多虑落户地的排外倾向。武汉作为一座码头城市,移民文化相当发达,发达的商业正是由这些移民所支撑。以19 世纪 60 年代汉口各类商贸的经营人群为例,鸦片贸易主要是广州人负责，棉布和绸缎业由浙江人主导，瓷器和药材生意由江苏人承担，烟草生意则基本是福建人经营。[①] 有学者就曾指出："作为一个大商埠，汉口是一个典型的移民城市。汉口街道宽平，当年尽铺磐石，五方杂处，客旅居多，'瓦屋竹楼千万户，本乡人少异乡多'。百年前如此，当今则尤甚之。在改革开放后的汉正街，武汉本地人占比越来越少，而来自外省、外县者占大多数。汉口六渡桥的一些市场，几乎完全由浙商经营。"[②]

武汉的码头移民文化，对于武汉仲裁的推广大有助益。移民本身就代表着多种地域文化背景的冲突与融合。比如，来自甘肃、宁夏等内陆地区的民众与来自浙江、江苏等沿海地区的民众，就代表着不同的文化群体，在生活习惯、性格特征、生活方式等方面均有着不可忽视的差异。当这些差异被集中到移民之间的商业行为，很容易酝酿出新的矛盾纠纷，这就为武汉仲裁的发展提供了客观需求。移民也能带来先进的文化因子，为本土文化的重塑和再造提供新鲜的血液动力。以近代汉口的外国移民为例，汉口作为近代中国四大租界之一，被称为"东方芝加哥"，汇聚了英国、俄国、德国、法国、日本、比利时等诸多国家的移民。这些国家早已建立现代意义上的商事仲裁制度，并伴随本国移民的入驻而传播至中国。汉口外国移民对商会和仲裁的推崇，为武汉仲裁的推广提供了充分支持。此外，移民相当于多个个体在不同区域之间进行穿插，这无形之中便形成了线条严密的人脉关系网。移民不仅与原地区的民众保持着联系，亦与新地区的民众产生了关联，这种联系

① 参见[美]罗威廉：《汉口，一个中国城市的商业和社会（1796—1889）》，江溶、鲁西奇译，中国人民大学出版社2016年版，第242页。

② 皮明庥：《论武汉商埠文化——大码头文化》，载《湖北大学学报（哲学社会科学版）》2011年第5期。

是地缘、血缘、业缘的混合体。当某一个体实际体悟或耳闻过武汉仲裁,很大概率会将武汉仲裁通过自身的关系网进行传播推广。如此循环往复,武汉仲裁的品牌辐射范围随之稳步扩展,自是不在话下。

早在行会公议这种初级仲裁时期,武汉仲裁便已体现出明显的码头移民色彩。彼时,汉口设有四川、山西、陕西、浙江、宁波、湖南、河南、安徽、江西、广东等来自全国各地的会馆,也有米市公所、汉帮公所、钱帮公所、麻布公所、汇盐公所等行业公所。从这些会馆与公所的名称来看,即可知悉其背后的移民力量。它们在实际运作中也确实处理了诸多商业纠纷,成为武汉仲裁的有机组成部分。1924 年 8 月 1 日,汉口总商会商事公断处正式设立后,从历任处长的部分资料中也可发现码头移民文化对武汉仲裁推广之影响。1924 年 8 月 7 日,苏州总商会收到汉口总商会商事公断处首任处长郑焕文的一封公函,内称:"敝处遵照司法农商部会同修正商事公断处章程组织成立,兹于本年八月一日开办,除分别呈报函达外,相应函请贵总商会查照。"①这从侧面反映出汉口基于其码头移民城市的地位,与其他地区的总商会有着密切的联系,以至于自身商事公断处设立后会通过既有的关系渠道进行推广。而后任的黄文植处长本就属于移民,系江西南昌人氏,也是江右商帮的杰出代表,其在江西乃至其他省份的商圈推广汉口总商会的商事公断处也应在意料之中。

武汉的码头移民文化至今仍在影响着武汉仲裁。从武汉仲裁委员会的案件受理量来看,"截至 2019 年底,共受理仲裁案件

① 付海晏:《民初商事公断处:商事裁判与调处——以苏州商事公断处为个案研究》,华中师范大学 2001 年硕士学位论文,第 11 页。

202,455件,案件标的额共计人民币1609.71亿元,受案数量和案件标的额在全国250多家仲裁机构中连续多年名列前茅”。[①] 其中,有相当一部分比例案件与外地相关,或案件发生于外地,或当事人为外地人。从武汉仲裁委员会现有仲裁员的来源地构成来看,现聘仲裁员1022名,遍布全国22个省、自治区、直辖市,港、台地区及国外。[②] 仲裁员的地域分布情况,恰恰说明武汉仲裁委员会的辐射范围,它通过来自五湖四海的仲裁员实现自身品牌的全方位推广。因此,可以大胆推测,武汉仲裁委员会的顺利推广,在一定程度上受益于武汉的码头移民文化。

(三)码头文化的价值观念与武汉仲裁的发展

城市文化是一种相对固定的指令系统,这种指令系统的主要构成,就是这一城市从历史传习中获得的、要求生活在该城市的个体按特定模式进行思考和实践的文化规则。而价值观念,则是城市文化规则中最稳定、最坚挺的精神内容,对城市群体乃至个体的日常行为都发挥着潜移默化的作用。通过价值观念的特殊作用方式来推动仲裁发展,也是武汉的码头文化影响武汉仲裁的基本路径之一。

第一,开放包容的发展观。曾有学者指出,武汉就像一个文化大转盘,一方面,来自各地区的商品在流动的同时,将其本身携带的文化信息也一并汇集到武汉,使武汉成为展示各种文化的大舞台;另一方面,来自不同地区的商人亦将不同区域、异质文化的汇

① 《武汉仲裁委员会简介》,载武汉仲裁委员会官网,http://www.whac.org.cn/index.php/zcy/page/type/20.html,最后访问日期:2021年4月15日。

② 参见《仲裁员概况》,载武汉仲裁委员会官网,http://www.whac.org.cn/index.php/zcy/page/type/20.html,最后访问日期:2021年4月15日。

聚融合并传播辐射到周边地区。[1] 确实如此,得益于码头的支撑,武汉成为一个集聚人流、货物、消息等多重元素为一体的集散中心,来自五湖四海的人、事、物都可以在这里得到自由的发展。在这一背景下,武汉形成了开放包容的发展观,始终强调以一种开放的姿态、一种包容的气度来审视问题,追求兼收并蓄、博采众长、有容乃大。武汉仲裁委员会在发展过程中,就充分体现出这种发展观。例如,武汉仲裁委员会在初建时面临制度缺失等诸多问题,适时提出了“大仲裁”理念,结合社会实际需要、在合法合理的前提下尽可能地扩大仲裁适用的范围。2019 年 3 月,在全国仲裁工作会议上,武汉仲裁委员会彭国元主任在介绍仲裁工作经验做法时也明确指出,武汉仲裁委员会始终立足于国家全面开放新格局,坚持将提高仲裁国际化水平作为发展方向。

第二,敢为人先的创新观。武汉作为商品集散中心,无论是人员,还是商品,抑或是消息、生活方式,都可谓日新月异。因为,每天都会有新的元素通过高速运转的商业系统和高度发达的码头交通传达到武汉,从而引发相关领域新的变革。“置身于这种通达流变的环境中,汉口人信息灵便,风气开通,见多识广,渐渐养成了对新事物的敏锐反应,对各种新奇事物坦然面对与欣然接纳的态度,以及追新逐异、趋新图变的心理。”[2]换言之,武汉人在长期的文化积淀中形成了敢为人先的创新观,勇于尝试新事物,也敢于开创新领域。折射到武汉仲裁的发展上,便体现为:凡是遇到合适的历史发展或创新改革契机,武汉仲裁委员会总是敢为人先,抢先突破。

---

① 参见涂戈尔、涂文学:《近代武汉三种文化现象解析》,载《江汉论坛》2012 年第 5 期。

② 周德钧:《近代汉口码头文化的社会学解读》,载《湖北大学学报(哲学社会科学版)》2009 年第 4 期。

纵观武汉仲裁委员会的发展历程，敢于创新的事例不胜枚举，仲裁制度、管理体制、仲裁机构、仲裁理论等皆是创新的对象。2013年，习近平总书记提出建设“新丝绸之路经济带”和“21世纪海上丝绸之路”的合作倡议。武汉仲裁委员会即于2016年牵头组建“一带一路”（中国）仲裁院。又如，中国仲裁虽历经多年的发展，但仍缺乏一部系统疏理中国仲裁发展脉络的著作，武汉仲裁委员会目光长远，于2018年出版《中国仲裁史稿》一书。武汉仲裁委员会彭国元主任也多次强调，要坚持将实践创新作为核心驱动力，求新求实推动仲裁高质量发展。

第三，实干笃行的奋斗观。码头其实是一个竞争非常激烈的场所。一方面，码头作为集散中心，各个方面的更新速度非常之快，稍不注意就可能落后于形势。另一方面，码头生活的人群很多，而码头可以保持营生的职业有限，这就涉及竞争问题。以汉口为例，“作为一个汇聚了大量外地人的大码头，随着码头业的发展，武汉邻近乃至外省破产的农民、无业流民以及黑社会成员，纷纷涌向汉口码头寻求生路，造成异质人口在狭小的空间内高密度结集。”[①]因此，在码头求生存，必须保持强烈的危机感和紧迫感，及时掌握最新消息、做好超前规划。这也成就了武汉人实干笃行的奋斗观，既体现为脚踏实地、勤劳肯干，又体现为敢打敢拼的“狠劲”。这种奋斗观，运用到仲裁方面，就转化为武汉仲裁委员会阔步向前、不断发展壮大的“利器”。1997年，武汉仲裁委员会初建，在仅有十几名工作人员的情况下，全员披甲上阵，通过发送资料传单、上门走访宣传、开办培训班、召开座谈会等方式，普及推广仲裁制度。党的十八大以来，武汉仲裁委员会坚持将仲裁事业高质量发

① 涂戈尔、涂文学：《近代武汉三种文化现象解析》，载《江汉论坛》2012年第5期。

展作为第一要务,不断在仲裁体制现代化、机制社会化、标准规范化、队伍专业化、成果品牌化等方面取得新突破。回首此间,在仲裁迅猛发展的大势下,武汉仲裁委员会从全国数百家仲裁机构中脱颖而出,又何尝不是一个艰苦奋斗的过程?

三、码头文化的当代革新与武汉仲裁的未来走向

从文化作用的规律来看,在以后相当长的一段时间里,码头文化都会继续影响着武汉这座城市及其居民。武汉城市的方方面面早已被刻上码头文化的烙印,武汉人民的内心也早已被城市码头文化洗礼与塑形,以至于武汉的城市风格、民众的生活方式、民众的性格与脾气都可见到城市码头文化的痕迹。然而,值得指出的是,任何一座城市的文化并非完全封闭和固定,它有着相对不变的部分,亦会伴随时间的推移而不断吸纳新的内容以充实自身,这是城市文明发展的基本规律。面对新时代的历史方位,武汉码头文化必须自我革新,积极吸取新的元素以适应新的社会形势,从而在历史改革浪潮中再次占得先机。

至于如何革新,一言以蔽之,即"去其糟粕,留其精华,与时俱新"。"去其糟粕",就是要将码头文化中不适应时代发展的内容坚决剔除。经过数千年的发展,码头文化里的很多落后内容已明显不适合用于当今文明社会,这些内容理应作古,若继续保持反而会阻碍城市的发展。例如,城市码头文化中的打架斗狠、拉帮结派、自由散漫等内容,属于典型的封建糟粕,必须弃之如敝屣,坚决清除该类不良风气。"留其精华"就是要将能够与当代社会巧妙融合或依旧有着积极作用的内容予以保留。城市码头文化有着很多仍具备相当价值的内容,如开放包容、敢于创新、吃苦耐劳、脚踏实地等,这些内容应尽数保留并发扬光大。"与时俱新"就是要放眼于

未来，让码头文化适应时代的需要，积极汲取其他有利于发展的新型文化。武汉的城市文化本就不止码头文化这一种，文化多元是武汉这座城市的显著特色之一。因此，城市码头文化也要与其他文化相融，汲取其他文化的优秀成果。

既然武汉仲裁的产生、推广和发展，与城市码头文化有着密切的联系，那么在未来发展走向上，武汉仲裁也应与城市码头文化的当代革新与转型保持基本一致。武汉仲裁事业从筚路蓝缕到斑斓春景，从少人问津到门庭若市，在制度建构、机构设置、业务扩展、文化建设等方面，均取得了累累硕果。然需要看到的是，数十年间陵谷沧桑，全国乃至各地的经济发展水平、社会纠纷类型与总体数量、人民对纠纷解决机制的需求和态度、仲裁自身的发展路向等客观形势皆已发生翻天覆地的变化。尤其是伴随社会主义市场经济深入发展和对外开放进一步扩大，“仲裁工作面临着仲裁委员会内部治理结构不完善、仲裁发展秩序不规范、仲裁国际竞争力不强、监督制约机制不健全、支持保障不到位等新情况新问题，影响了仲裁公信力，制约了仲裁事业的健康快速发展”。[①] 这对武汉仲裁的发展提出了新的要求和挑战。因此，一方面要传承和播扬这些年积淀的宝贵经验以赓续传统，另一方面则要广泛考量和吸取新的变化以顺应新的形势。

首先，全面提升仲裁公信力。提高仲裁公信力，是党和国家近年来多次提出的要求。党的十八届四中全会提出“完善仲裁制度，提高仲裁公信力”的改革任务，党的十九大强调要加强预防和化解社会矛盾机制建设。2018 年 10 月，中共中央办公厅、国务院印发的《关于完善仲裁制度提高仲裁公信力的若干意见》，从认真贯彻

① 中共中央办公厅、国务院办公厅《关于完善仲裁制度提高仲裁公信力的若干意见》。

落实仲裁法律制度、改革完善仲裁委员会内部治理结构、加快推进仲裁制度改革创新、提高仲裁服务能力、加大对仲裁工作的支持与监督力度五个方面为仲裁机制的全面深入改革勾勒了清晰蓝图。武汉仲裁必须以之为发展主题，不断在仲裁体制现代化、机制社会化、标准规范化、队伍专业化、成果品牌化等方面取得新突破。这也是对城市码头纠纷解决机制中讲公平、讲公正、讲信义、讲权威的继承和发扬。

其次，持续提高仲裁国际化水平。对于城市码头文化中的开放与包容精神，武汉仲裁应当坚持和发扬，始终以积极的眼光看待世界，不断学习新的知识。未来仲裁的发展必然是要走向国际化和世界化，武汉仲裁只有兼收并蓄、开放交流，方能实现这一目标，始终雄踞于仲裁行业前列。而今，武汉仲裁在国际化方面已取得不俗成就，如组建"一带一路"（中国）仲裁院、编印"一带一路"沿线60多个国家工程与投资相关法律制度、服务湖北自贸区武汉片区以及深入推进武汉国际仲裁中心建设。此后有必要进一步开创仲裁全面开放的新格局，加强国际仲裁交流合作，不断提高案件仲裁质量，打造出风靡全国乃至世界的仲裁品牌。

最后，坚持以实践创新为核心驱动力。党中央和国务院多次强调，要让创新成为引领发展的第一动力。城市码头文化中敢为人先的创新观，强调独树一帜和推陈出新，这也高度契合国家的发展走向。武汉仲裁已然经过"一次创业时期"和"二次创业时期"，取得了一系列成果。当下，武汉仲裁委员会又拉开了新一轮的创新大幕，比如，"开展'案件受理多样化，纠纷处理多元化'试点工作，完善多元化纠纷解决机制；率先推行分支机构规范化建设，探索'小机构、大社会'基层仲裁服务机制，在确认仲裁、仲调对接、诉裁对接和互联网+仲裁等领域先行先试”。[①] 若要永葆旺盛生命力和强大竞争力，武汉仲裁就必须将创新坚持到底，紧紧抓住将仲裁推入新发展阶段的历史契机。

Abstract From the perspective of the development of human society, arbitration often rises in areas with prosperous commerce, developed transportation and open society, such as the Mediterranean coast, Western European port cities, and China's Shanghai, Tianjin, Wuhan and other places. In ancient China, where land transportation and air transportation had not yet started, the main form of transportation was water transportation, which determined that there was a special relationship between wharf and arbitration. Wuhan, as a prosperous city due to wharf, has rich wharf culture, including wharf commercial culture, wharf immigrant culture and various values accumulated by wharf life. The emergence, promotion and development of Wuhan Arbitration, to a large extent, also benefited from the support and drive of urban wharf culture. Along with the gradual evolution of urban wharf culture, it is rising.

Keywords urban wharf culture　arbitration　Hankou business society

① 彭国元：《求新求实推动仲裁高质量发展》，载司法部官网，http://www.moj.gov.cn/subject/content/2019-03/28/863_231668.html。

【资料选登】

《中国(湖北)自由贸易试验区示范仲裁规则》

第一章　总　　则

第一条　规则的制定

为保障中国(湖北)自由贸易试验区(以下简称湖北自贸试验区)的健康稳定发展,营造国际化、法治化的湖北自贸试验区营商环境,满足湖北自贸试验区主体快速、高效、便捷、友好处理合同争议和其他财产权益争议的现实需求,保障仲裁解决争端的灵活性、高效性、自治性,依据《中华人民共和国仲裁法》和相关法律法规,制定本规则。

第二条　规则的适用

(一)本规则由湖北自贸试验区内三家仲裁机构武汉仲裁委员会、襄阳仲裁委员会、宜昌仲裁委员会推荐适用于其受理的涉湖北自由贸易试验区案件,其他仲裁机构可以依当事人约定适用本规则。本规则与“中国(湖北)自由贸易试验区武汉片区”、“中国(湖北)自由贸易试验区襄阳片区”、“中国(湖北)自由贸易试验区宜昌片区”(以下分别简称武汉片区、襄阳片区、宜昌片区,合称三个片区)现有的三家仲裁机构的仲裁规则并行。当事人约定将争议提交上述三个片区任一仲裁机构进行仲裁的，当事人或标的物或合同和其他财产关系产生、变更、消灭的法律事实中至少一项涉及湖北自贸试验区的，受理案件的三个片区仲裁机构推荐适用本规则，在当事人约定适用本仲裁规则时适用。武汉仲裁委员会、襄阳仲裁委员会、宜昌仲裁委员会亦可将本规则纳入其仲裁规则，作为审理涉自贸试验区案件的特别规则。

（二）当事人在涉自贸试验区案件中约定适用本规则以外的其他仲裁规则，从其约定，但约定无法实施或者与仲裁地法律的强制性规定相抵触的除外。当事人约定适用其他仲裁规则的，由当事人约定适用的仲裁委员会履行相应的管理职责。

（三）自贸试验区主体约定仲裁地为武汉、襄阳或宜昌但未约定仲裁机构的，视为当事人同意将争议提交所约定地点对应的仲裁委员会进行仲裁。

（四）当事人对案件是否应当适用本规则提出异议的，由仲裁委员会作出决定。

（五）仲裁委员会、仲裁庭、当事人及其代理人均应本着诚信、善意、合作及妥善解决争议的原则适用本规则。

第三条　受案范围

仲裁委员会受理平等主体的自然人、法人及其他法人组织之间发生的合同争议和其他财产权益争议：

1. 涉及中国香港特别行政区、中国澳门特别行政区、中国台湾地区的仲裁案件；

2. 国际或涉外仲裁案件；

3. 中国内地仲裁案件。

第四条　放弃异议权

一方当事人知道或者应当知道本规则规定或仲裁协议约定的

任何条款或情形未被遵守，但仍参加仲裁程序或继续进行仲裁程序且未在自知道或应当知道之日起三日内提出书面异议的，视为放弃提出异议的权利。

第五条　保密

（一）仲裁庭不公开审理案件。当事人约定公开的，可以公开，涉及国家秘密、当事人商业秘密、专有技术或者仲裁庭认为不适宜公开的情形除外。

（二）不公开审理的案件，当事人及其代理人、证人、仲裁员、仲裁庭秘书、提供咨询的专家、鉴定人、翻译人员、第三方出资者以及其他有关人员，均不得对外透露案件实体和程序进行的情况，法律另有规定的除外。

第六条　一裁终局

仲裁委员会作出的裁决是终局裁决。裁决作出后，当事人不得就生效裁决事项再申请仲裁或者向法院提起诉讼。

第二章　仲裁协议和管辖权

第七条　仲裁协议的定义和形式

（一）仲裁协议包括当事人在合同中订明的同意将争议提交仲裁的条款，以及当事人在争议发生之前或之后以其他方式达成的同意以仲裁方式解决争议的书面协议。

（二）仲裁协议应当采取书面形式。书面形式包括合同书、信件、电传、传真等可以有形地表现所载内容的形式。以电子数据交换、电子邮件等方式有形地表现所载内容，并可以随时调取查用的数据电文，视为书面形式。

（三）在仲裁申请书和答辩书的交换中，一方当事人声称有仲裁协议而另一方当事人不作否认表示的，视为存在书面仲裁协议。

（四）当事人在合同中援引其他载有仲裁条款的书面文件，且该书面文件构成合同的必要组成部分，视为存在合同书面仲裁协议。

第八条　仲裁协议的独立性

合同中的仲裁条款应视为与合同其他条款分离的、独立存在的条款，附属于合同的仲裁协议也应视为与合同其他条款分离的、独立存在的一个部分；合同的变更、解除、终止、转让、失效、无效、未生效、被撤销以及成立与否，均不影响仲裁条款或仲裁协议的效力。

第九条　仲裁协议的效力延伸

（一）合同中的仲裁条款适用于合同补充协议和合同附件项下的争议，当事人另有约定的除外。

（二）订立仲裁协议的当事人因合并、分立、终止、撤销等原因发生变更的，仲裁协议对权利义务的继受人有效，当事人另有约定的除外。

（三）订立仲裁协议的当事人死亡的，仲裁协议对承继其仲裁事项中权利义务的继承人有效，当事人另有约定的除外。

（四）债权债务全部或者部分转让的，仲裁协议对受让人有效，当事人另有约定、在受让债权债务时受让人明确反对或者不知有单独仲裁协议的除外。

（五）法人的分支机构订立仲裁协议的，仲裁协议对法人及其分支机构有效。

第十条　管辖权异议

（一）仲裁机构依据仲裁协议和一方当事人的书面申请，受理案件。当事人对仲裁协议的存在、效力或者仲裁案件的管辖权有异议,可以向仲裁委员会或有管辖权的法院提出管辖权异议。一方向仲裁委员会提出管辖权异议,另一方向法院提出管辖权异议的,以法院裁定为准,但仲裁委员会先于法院作出决定的除外。

(二)管辖权异议应当在仲裁庭首次开庭之日前以书面形式提出;当事人约定书面审理的,应当在首次答辩期满前以书面形式提出。

(三)当事人未依据前款规定提出管辖权异议的,视为承认仲裁委员会对仲裁案件的管辖权。

(四)当事人向仲裁委员会或法院提出仲裁案件管辖权异议,不影响仲裁程序的进行。

(五)仲裁委员会或者仲裁委员会授权的仲裁庭有权就仲裁案件的管辖权作出决定。仲裁庭的决定可以在仲裁程序进行中作出,也可以在裁决书中作出。

(六)仲裁委员会或仲裁委员会授权的仲裁庭对仲裁案件作出无管辖权决定的,案件应当撤销。仲裁庭组成前,撤销案件的决定由仲裁委员会作出;仲裁庭组成后,撤销案件的决定由仲裁庭作出。

第三章　仲裁申请、答辩及反请求

第十一条　申请仲裁

(一)向仲裁委员会申请仲裁,申请人应提交:

1. 仲裁协议;

2. 写明下列内容的仲裁申请书:

(1)申请人和被申请人的基本情况。自然人应当写明姓名、性别、身份证号码、住址、邮政编码、联系电话、传真、电子邮箱和其他可能的快捷联系方式;法人或者其他组织应当写明名称、住所地、邮政编码、电话号码、传真以及法定代表人或者主要负责人的姓名、职务、住所、邮政编码、联系电话、传真、电子邮件和其他可能的快捷联系方式;

(2)具体的仲裁请求和所根据的事实、理由;

3. 证据和证据来源并附清单,证人姓名和住所;

4. 申请人身份证明文件。

(二)当事人申请仲裁,应当按照本规则附件的规定预交仲裁费用。当事人的请求没有明确争议金额的,由仲裁委员会确定争议金额或者应当预交的仲裁费用。

(三)仲裁费用由提出仲裁请求或反请求的当事人预交。当事人预交仲裁费用有困难的,可以申请缓交,是否批准由仲裁委员会决定。当事人不预交仲裁费用,又不提出缓交申请或者在仲裁委员会批准的缓交期限内未预交全部仲裁费用的,视为撤回申请。

第十二条　受理

(一)仲裁委员会经过审查,认为申请人的申请符合受理条件的,自当事人预交仲裁费用之日起五日内予以受理。仲裁委员会自受理案件之日起五日内将受理通知书、本规则和仲裁员名册送达申请人,将仲裁通知书、仲裁申请书副本及其附件、本规则、仲裁员名册送达被申请人。

(二)仲裁委员会经过审查,认为仲裁申请不符合第十一条第(一)款规定的,可以要求申请人在仲裁委员会规定的期限内予以补正。申请人未能在规定的期限内补正的,视为撤回申请。

第十三条　答辩

（一）被申请人应当在收到仲裁通知书等仲裁文件之日起十五日内向仲裁委员会提交答辩书和有关证明文件。答辩书和证明文件应当包括：

1. 被申请人的基本情况。被申请人是自然人的，应当写明姓名、性别、身份证号码、住址、邮政编码、联系电话、传真、电子邮箱以及其他可能的快捷联系方式；被申请人是法人或者其他组织的，应当写明其名称、住所地、邮政编码、联系电话、传真以及法定代表人或者主要负责人的姓名、职务、住所、邮政编码、联系电话、传真、电子邮件以及其他可能的快捷联系方式；

2. 答辩要点和所根据的事实、理由；

3. 证据和证据来源并附清单，证人姓名和住所；

4. 被申请人身份证明文件。

（二）仲裁委员会自收到答辩书之日起五日内，将答辩书副本及其附件送达申请人。

（三）被申请人未在答辩期内提交答辩书或者不进行答辩的，不影响仲裁程序的继续进行。

（四）被申请人申请延期答辩，且仲裁庭认为有正当理由的，可以适当延长答辩期限。仲裁庭尚未组成的，由仲裁委员会决定是否延长答辩期限。

第十四条　反请求

（一）被申请人有权提出反请求。被申请人提出反请求的，应在其反请求申请书中写明具体的反请求事项及其所依据的事实和理由，并附具有关的证据材料以及其他证明文件。

（二）被申请人提出反请求，应当在答辩期内以书面形式提交仲裁委员会。超过此期限提交反请求申请的，仲裁庭组成前由仲裁委员会决定是否受理，仲裁庭组成后由仲裁庭决定是否受理。

（三）仲裁委员会或者仲裁庭决定是否受理逾期提交的反请求时，应当考虑反请求与本请求合并在一个案件中解决的必要性、是否会造成程序的不必要拖延以及其他有关因素。

（四）反请求的申请、受理与答辩适用本章有关规定。

第十五条　仲裁请求、反请求的放弃、变更

（一）申请人可以放弃或者变更其仲裁请求，被申请人可以放弃或者变更其反请求。放弃或者变更仲裁请求或反请求应当采取书面形式。

（二）是否同意变更，仲裁庭组成前由仲裁委员会决定，仲裁庭组成后由仲裁庭决定。仲裁委员会或仲裁庭认为当事人变更其仲裁请求或者反请求过分迟延影响仲裁程序正常进行的，可以拒绝其变更。

第十六条　多方当事人之间的仲裁请求

（一）案件中有两个或两个以上的申请人或者被申请人时，任何一方当事人均可以依据相同的仲裁协议针对任何其他当事人提出仲裁请求。

（二）仲裁庭组成前，新提出的仲裁请求由仲裁委员会决定是否受理；仲裁庭组成后，新提出的仲裁请求由仲裁庭决定是否受理。

（三）上述仲裁请求的提出、受理、答辩、变更等事项参照本规则第十一条至第十五条办理。

（四）上述仲裁请求受理后，各方当事人在仲裁程序中的身份不发生变更。

第十七条　多份合同的单次仲裁

（一）当事人之间的争议涉及多份合同的，同时符合下列条件时，当事人可以在单个仲裁案件中合并提出仲裁申请：

1. 多份合同的仲裁协议内容相同或者彼此兼容；

2. 多份合同系主从合同关系，或多份合同所涉当事人相同且法律关系性质相同；

3. 多份合同的争议源于同一交易或者同一系列相关联的交易。

（二）是否同意单次仲裁，由仲裁委员会或者仲裁庭作出决定。

被申请人对单次仲裁提出异议的，由仲裁委员会或者仲裁庭作出决定。

第十八条　代理人

当事人可以委托代理人代理仲裁活动；接受委托的代理人，应当向仲裁委员会提交授权委托书。授权委托书应当注明委托的事项和权限。代理人代为提起、承认、放弃、变更仲裁请求或者反请求，进行和解，请求调解，签收调解书，必须有委托人的特别授权。

第十九条　提交仲裁文件和有关材料的份数

当事人提交仲裁申请书、答辩书、反请求申请书等仲裁文件和其他有关材料应当一式五份。当事人人数超过两人的，增加相应份数；仲裁庭由一名仲裁员组成的，减少两份；当事人提交临时措施申请书的，应当相应增加一份仲裁申请书或者反请求申请书。

第四章　保全和临时措施

第二十条　保全和临时措施种类

当事人可提出如下一种或几种保全和临时措施的申请：

1. 财产保全；

2. 证据保全；

3. 要求一方作出一定行为或禁止其作出一定行为；

4. 法律规定的其他措施。

第二十一条　仲裁前的保全和临时措施

（一）当事人因情况紧急，不采取保全和临时措施将会使其合法权益受到难以弥补的损害的，可以在仲裁前向有管辖权法院提出临时措施申请，当事人应提交：

1. 仲裁协议；

2. 符合第二十条第一款[①]所规定的保全和临时措施申请书；

3. 证明情况紧急的初步证据。

（二）保全和临时措施申请人应当提供适当的担保，并根据保全和临时措施执行地法律规定在法院采取临时措施后的法定期限内向仲裁委员会申请仲裁。

第二十二条　仲裁中的保全和临时措施

（一）仲裁委员会受理案件后，当事人可以向仲裁委员会或有管辖权法院提出保全和临时措施申请。提出保全和临时措施申请的，应提交保全和临时措施申请书。保全和临时措施申请书应当写明：

1. 当事人的基本信息（包括但不限于当事人的名称、住所、联系方式等）；

2. 申请的保全和临时措施种类及相应理由；

3. 申请保全和临时措施相对方当事人的有效送达方式；

4. 其他必要的内容。

---

① 本处是指第二十条全部情形。——编者注

保全和临时措施执行地不在中国内地的,当事人还需提供:

1. 保全和临时措施执行地及具有管辖权的法院;

2. 保全和临时措施执行地有关法律规定。

(二)对于依据中国法提出的保全和临时措施申请,仲裁委员会应当依法及时转交具有管辖权的法院。

(三)仲裁委员会在必要时也可对当事人申请保全和临时措施提出建议。

(四)国际商事仲裁中的保全和临时措施,同时适用“国际商事仲裁的特别规定”章的特别规定。

第五章　仲　裁　庭

第二十三条　仲裁庭的中立性

在仲裁程序中,仲裁庭成员应当保持中立,不得代表任何一方当事人。仲裁庭应当公正、平等地对待各方当事人。

第二十四条　仲裁员名册

(一)当事人可以从仲裁委员会提供的仲裁员名册中选择仲裁员,也可以从仲裁员名册外选择仲裁员。

(二)当事人在仲裁员名册外选定仲裁员的,应当向仲裁委员会提供候选人的资历证明和具体联系方式,经仲裁委员会确认后可以担任该案件的仲裁员。

第二十五条　仲裁庭的人数

(一)仲裁庭由一名或三名仲裁员组成。

(二)仲裁庭由三名仲裁员组成的,设首席仲裁员。

第二十六条　三人仲裁庭的组成

(一)双方当事人应当自收到仲裁通知书等仲裁材料之日起十

五日内分别选定或者委托仲裁委员会主任指定一名仲裁员。当事人未在上述期限内选定或者委托仲裁委员会主任指定仲裁员的，由仲裁委员会主任指定。

（二）双方当事人应当自被申请人收到仲裁通知书等仲裁材料之日起十五日内共同选定或者共同委托仲裁委员会主任指定首席仲裁员。

双方当事人可以各自推荐一至三名仲裁员作为首席仲裁员人选，并将推荐名单在十五日期限内提交至秘书处。双方当事人的推荐名单中有一名人选相同的，该名仲裁员为双方当事人共同选定的首席仲裁员；有两名以上人选相同的，由仲裁委员会主任根据案件的具体情况在相同人选中确定一名首席仲裁员，该名首席仲裁员仍为双方共同选定的首席仲裁员；推荐名单中没有相同人选时，由仲裁委员会主任在推荐名单之外指定首席仲裁员。

双方当事人未按照上述规定共同选定首席仲裁员的，由仲裁委员会主任指定。

（三）当事人选定外地仲裁员的，应当预交仲裁员的差旅费、食宿费等必要费用。如果未在仲裁委员会规定的期限内预交的，视为未选定仲裁员。仲裁委员会主任可以根据本规则的规定指定仲裁员。

（四）被选定的仲裁员拒绝接受选定，或因健康及其他可能影响正常履行仲裁员职责的原因不能参加案件审理的，当事人应当在收到重新选定仲裁员通知之日起十日内，重新选定仲裁员。当事人未能按照前述规定重新选定仲裁员的，由仲裁委员会主任指定。

第二十七条　独任仲裁庭的组成

仲裁庭由一名仲裁员组成的，按照本规则第二十六条第（二）、

（三）、（四）款规定的程序，选定或指定独任仲裁员。

第二十八条　多方当事人案件仲裁庭的组成

案件有两个或者两个以上申请人或者被申请人的，在申请人之间或者被申请人之间各自协商选定或者委托仲裁委员会主任指定一名仲裁员；申请人或被申请人未能在收到仲裁通知书等仲裁文件之日起十五日内各方共同选定或各方共同委托仲裁委员会主任指定一名仲裁员，由仲裁委员会主任指定。首席仲裁员应当按照第二十六条第（二）款规定的程序选定或指定。

第二十九条　组庭通知

仲裁庭组成后，仲裁委员会应当在五日内将仲裁庭的组成情况书面通知各方当事人。

第三十条　披露

（一）被选定或者被指定的仲裁员应当签署声明书，向仲裁委员会书面披露可能引起对其独立性或者公正性产生合理怀疑的任何事实或者情况。

（二）在仲裁过程中出现应当披露的情形的，仲裁员应当立即书面向仲裁委员会披露。

（三）仲裁委员会应当及时将仲裁员的声明书和书面披露的信息转交当事人。

第三十一条　仲裁员回避

（一）仲裁员有《中华人民共和国仲裁法》第三十四条规定的情形的，应当回避。当事人对仲裁员的公正性或独立性产生合理怀疑的，有权提出回避申请。

（二）当事人收到仲裁员的声明书或书面披露后，如果以披露的事实或情况为理由要求该仲裁员回避，应当自收到仲裁员的声明书或者书面披露之日起五日内就是否申请仲裁员回避提出意见。当事人在五日内没有申请仲裁员回避的,不得再以仲裁员曾经披露的事项为由申请仲裁员回避。

(三)当事人以仲裁员的声明书或书面披露的事实情况外的其他事由申请仲裁员回避,应当在首次开庭之日前以书面形式提出,并说明申请回避所依据的事实和理由。回避事由在首次开庭后知道的,可以在最后一次开庭终结前提出;不再开庭或者书面审理的案件,应当在得知回避理由后五日内提出。

(四)仲裁委员会应及时将当事人的回避申请转交另一方当事人、被申请回避的仲裁员及仲裁庭其他成员。另一方当事人、被申请回避的仲裁员及仲裁庭其他成员均可对此发表评述意见。

(五)一方当事人申请仲裁员回避,另一方当事人同意回避申请,或者被申请回避的仲裁员主动提出退出仲裁庭的,该仲裁员可以更换,但该情形并不表示当事人申请仲裁员回避的理由成立。

(六)当事人在收到仲裁庭组成通知之后聘请的代理人与仲裁员构成应当回避情形的,该方当事人无权再就此提出回避申请,但另一方当事人申请回避的权利不受影响。因此而导致仲裁程序拖延的,造成回避情形的当事人应承担相应的后果,包括但不限于由此而产生的费用。

(七)除上述第(五)款规定的情形外,仲裁员是否回避,由仲裁委员会主任决定。仲裁委员会主任担任仲裁员时的回避,由仲裁委员会决定。

(八)在仲裁员是否回避的决定作出前,被申请回避的仲裁员应当继续履行职责,该仲裁员主动要求暂停参与案件仲裁的除外。

第三十二条　仲裁员的替换

(一)仲裁员因死亡或者健康原因不能从事仲裁工作,或者主任决定其回避,或者各方当事人一致要求其退出案件审理的,应当替换。

(二)因前款规定外的其他原因造成仲裁员在法律上或事实上不能履行其职责,或者仲裁员没有依据本规则的要求或在本规则规定的期限内履行应尽职责时,仲裁委员会主任可以决定将其替换;该仲裁员也可以主动申请不再担任仲裁员。

(三)是否替换仲裁员,由仲裁委员会主任作出终局决定并可以不说明理由。

(四)仲裁员因回避或更换不能履行职责时,应当按照原选定或指定该仲裁员的方式和期限,选定或指定仲裁员。当事人未按照原方式和期限选定仲裁员的,由仲裁委员会主任指定仲裁员。重新选定或指定仲裁员后,由仲裁庭决定是否重新审理及重新审理的范围。

第三十三条　多数仲裁员继续仲裁程序

最后一次开庭终结后,三人仲裁庭中的一名仲裁员因死亡、健康或其他原因不能参加合议或作出裁决,仲裁委员会主任可以依据本规则第三十二条替换该仲裁员;在征得各方当事人和仲裁委员会主任同意后,其他两名仲裁员也可以继续进行仲裁程序,作出决定或裁决。

第六章　证　　据

第三十四条　举证责任

(一)当事人应当对其申请、答辩和反请求所依据的事实提供证据加以证明。

（二）当事人未在规定期限内提交证据，或者提交的证据不足以证明其主张的，负有举证责任的当事人承担因此产生的不利后果。

第三十五条　举证要求

（一）当事人应当对提交的证据逐一分类编号，签名或者盖章，对证据的来源、证明对象和内容作简要说明，注明提交日期，并根据仲裁庭成员人数和对方当事人人数提交副本。

（二）当事人提供书证应当提交原件，物证应当提交原物。提交原件或者原物确有困难的，可以提交复制品、照片、副本、节录本，但必须说明来源。一方当事人对另一方当事人提交的复制品、照片、副本、节录本的真实性没有表示异议，可以视该复制品、照片、副本、节录本为与原件或原物一致。

（三）除非当事人另有约定，提交的外文证据材料应当附有中文译本。仲裁庭认为必要时，可以要求当事人提供相应的中文译本或者其他语言的译本。

第三十六条　举证期限

（一）仲裁庭有权要求当事人在一定期限内提交证据材料，当事人应当在要求的期限内提交。当事人协商一致的，可以变更举证期限。

（二）当事人在举证期限内提交证据材料确有困难的，应当向仲裁庭书面申请延期举证，是否准许，由仲裁庭决定。

（三）当事人逾期提交证据的，仲裁庭有权拒绝接受。当事人另有约定或者仲裁庭认为必要，可以接受一方当事人逾期提交的证据，但应当给予对方当事人合理的期限进行准备和质证。

第三十七条　仲裁庭自行调查事实、收集证据

（一）当事人申请且仲裁庭认为确有必要的，或者当事人虽未申请,但仲裁庭根据案件审理情况认为必要时,仲裁庭可以自行调查事实、收集证据。仲裁庭调查事实、收集证据时,认为有必要通知当事人到场的,应当及时通知。经通知,当事人未到场的,不影响仲裁庭调查事实和收集证据。

(二)仲裁庭自行收集的证据应当转交当事人,由当事人发表质证意见。

第三十八条　证据交换

仲裁庭可以在开庭审理前召集各方当事人交换证据材料。仲裁庭决定接受当事人逾期提供的证据或者补充证据,在质证前应当安排交换证据。

第三十九条　证据核对

仲裁庭可以根据案件审理的需要,安排当事人核对已经提交的证据材料原件和复印件是否一致。仲裁庭可以委托仲裁庭秘书组织当事人核对上述材料。

第四十条　质证

(一)开庭审理的案件,证据应当在开庭时出示,由当事人质证。

(二)依据书面文件审理的案件的证据材料,或者在开庭后提交的证据材料,经仲裁庭同意,当事人可以书面质证,并应当在仲裁庭规定的期限内提交书面质证意见。

(三)当事人在证据交换过程中已经相互认可并记录在案的证据,经仲裁庭在庭审中说明后可以不经质证直接作为认定事实的依据。

(四)逾期提供的证据不纳入开庭审理的范围,仲裁庭许可的除外。仲裁庭决定不再开庭审理的,可以要求当事人在一定期限内对该证据提交书面质证意见。

第四十一条　专家咨询和鉴定

(一)对专门性问题,仲裁庭可以向专家咨询或者交由当事人约定的鉴定部门鉴定,仲裁庭也可以指定鉴定部门鉴定。

(二)当事人申请鉴定,应当提交鉴定申请书和鉴定所需的相关材料。

(三)当事人双方均拒绝鉴定的,仲裁庭可以依据已有的证据裁决。

(四)鉴定人应当提出书面鉴定意见。鉴定意见的副本,应当送交当事人,当事人可以对鉴定意见提出意见。根据当事人的请求或者仲裁庭的要求,鉴定人应当参加开庭,就鉴定意见进行说明,回答当事人或者仲裁庭的提问。

(五)当事人请求向专家咨询的,应当预付咨询费;仲裁庭提出向专家咨询的,咨询费用从案件处理费中列支。鉴定费用由要求鉴定的一方预交,或者根据仲裁庭决定,由双方当事人预交。当事人不预交咨询或鉴定费用的,仲裁庭有权决定不进行相关咨询和鉴定。当事人实际应当承担的咨询和鉴定费用由仲裁庭裁决。

第四十二条　证据补充

(一)审理终结前,经当事人请求或者仲裁庭认为当事人有必要补充证据材料的,仲裁庭可以要求当事人在合理的期限内提交。逾期不提交的,仲裁庭可以根据已有的证据认定案件事实并作出裁决。

(二)当事人依据前款规定提交的补充证据材料应当依照本规则第三十八条和第四十条进行证据交换和质证。

第四十三条　证人作证

(一)当事人提出证人出庭作证,应当在举证期限届满前以书面形式提出,并经仲裁庭许可。

(二)证人应该出庭作证,接收当事人的质询。证人在仲裁庭组织双方当事人交换证据时出席陈述证言的,可视为出庭作证。确有困难不能出庭的,经仲裁庭许可,可以提交书面证言或采取视听资料以及视听传播技术手段进行作证。

第四十四条　认定证据

(一)证据由仲裁庭认定。专家咨询意见和鉴定意见由仲裁庭决定是否采纳。

(二)仲裁庭在认定证据时,除依据相关法律、行政法规,参照司法解释外,还可以结合行业惯例、交易习惯等,综合案件整体情况认定。

(三)当事人在仲裁申请书、答辩书、仲裁庭询问时的陈述以及其他书面意见中承认的对己方不利的事实和证据,仲裁庭予以确认,当事人反悔并有相反证据足以推翻的除外。

(四)一方当事人对另一方当事人陈述的事实,既未表示承认也未否认,经仲裁庭充分说明并询问后,仍不明确表示肯定或者否定的,视为对该项事实的承认。

(五)有证据证明一方当事人持有证据而且无正当理由拒不提供,在对方当事人主张该证据的内容不利于证据持有人时,可以推定该主张成立。

第七章　审　　理

第四十五条　审理方式

(一)仲裁庭开庭审理案件。

（二）当事人约定不开庭，或者征得双方当事人同意，仲裁庭认为没有必要开庭审理的，仲裁庭可以根据仲裁申请书、答辩书、反请求书以及其他证据材料审理并作出裁决。

（三）庭审可以以现场开庭、视频开庭等任何仲裁庭认为适当的形式进行，当事人另有约定的除外。庭审中仲裁庭应当平等对待当事人，给予当事人陈述与辩论的合理机会。

（四）在必要时，仲裁庭可以发布程序指令、发出问题清单、举行庭前会议、召开预备庭、制作审理范围书等，也可以就证据材料的交换、核对等作出安排，当事人另有约定的除外。

第四十六条　开庭地点

（一）仲裁委员会所在地为开庭审理地点。经仲裁委员会主任同意，也可以在仲裁庭认为合适的或当事人约定的地点开庭审理案件。

（二）当事人约定在仲裁委员会所在地以外的地点开庭的，应当预交由此产生的差旅费、食宿费等费用；当事人应当在仲裁委员会规定的期限内按照约定或者仲裁庭确定的比例预交上述费用。未预交的，在仲裁委员会所在地开庭。

第四十七条　开庭通知

（一）仲裁庭秘书应当在仲裁庭首次开庭十五日前，将开庭日期和开庭地点通知当事人；当事人协商一致并经仲裁庭同意或者仲裁庭征得当事人同意的，可以提前开庭；当事人有正当理由的，可以在首次开庭七日前以书面形式请求延期开庭；是否延期，由仲裁庭决定。

（二）首次开庭后或者决定延期开庭的开庭日期的通知，不受十五日期限的限制。

第四十八条　当事人缺席

（一）申请人经书面通知，无正当理由不到庭或者在开庭审理时未经仲裁庭许可中途退庭的，视为撤回仲裁申请；被申请人提出反请求的，不影响仲裁庭审理反请求，并作出裁决。

（二）被申请人经书面通知，无正当理由不到庭或者在开庭审理时未经仲裁庭许可中途退庭的，仲裁庭可以缺席审理并作出裁决；被申请人提出反请求的，视为撤回反请求。

第四十九条　核对身份

（一）开庭审理前，仲裁庭秘书应当查明当事人、代理人和其他仲裁参与人是否到庭。

（二）开庭审理时，由首席仲裁员或者独任仲裁员核对当事人身份。

第五十条　庭审辩论

当事人在审理过程中有权辩论。庭审调查结束后，申请人和被申请人发表辩论意见并相互辩论。仲裁庭也可以根据审理情况要求当事人提交书面辩论意见。

第五十一条　最后陈述

仲裁庭在审理终结前，应当征询当事人的最后意见。当事人的最后意见可以在开庭时以口头方式提出，也可以在仲裁庭规定的期限内以书面方式提出。

第五十二条　庭审记录

（一）仲裁庭开庭审理时，应当制作庭审笔录，也可以录音或者录像。

（二）当事人和其他仲裁参与人认为对自己陈述的记录有遗漏或者差错的，有权申请补正。

（三）庭审笔录由仲裁员、记录人员、当事人和其他仲裁参与人签名或者盖章。拒绝签名盖章的，记明情况并附卷。

第五十三条　合并审理

（一）仲裁标的有关联的两个或者两个以上的案件，经一方当事人申请并征得其他当事人同意，仲裁庭可以决定合并审理。

（二）仲裁庭组成人员不同的两个或者两个以上的案件，不适用合并审理的规定。

（三）合并审理的案件应当合并于最先开始仲裁程序的案件，当事人另有约定的除外。仲裁庭应当就合并审理的案件分别作出裁决书，当事人一致同意作出一份裁决书的除外。

（四）对合并审理的案件，仲裁庭可以根据情况决定合并审理的具体程序或方式。

第五十四条　其他协议方加入仲裁程序

（一）在仲裁庭组成前，申请人或被申请人请求增加同一仲裁协议下其他协议方为申请人或被申请人的，应当提交书面申请，由仲裁委员会决定是否同意。仲裁委员会作出同意决定的，多方申请人或多方被申请人不能共同选定该方仲裁员的，该方仲裁员由仲裁委员会主任指定。

（二）在仲裁庭组成后，申请人或被申请人请求增加同一仲裁协议下其他协议方为当事人，且该协议方放弃重新选定仲裁员并认可已进行的仲裁程序的，是否准许，由仲裁庭决定。

第五十五条　案外人加入仲裁程序

（一）在仲裁庭组成前，双方当事人可以经过案外人同意，书面申请增加该案外人为仲裁当事人，案外人也可以经过双方当事人同意后，书面申请作为仲裁当事人。案外人加入仲裁的申请是否准许,由仲裁委员会决定。仲裁委员会作出同意决定的,多方申请人或多方被申请人不能共同选定该方仲裁员的,该方仲裁员由仲裁委员会主任指定。

(二)在仲裁庭组成后,双方当事人也可以经过案外人同意,书面申请增加该案外人为仲裁当事人,案外人也可以经过双方当事人同意后,书面申请作为仲裁当事人,在案外人放弃重新选定仲裁员并认可已进行的仲裁程序时,是否准许,由仲裁庭决定。

第五十六条　撤回仲裁申请和撤销案件

(一)当事人可以向仲裁委员会提出撤回全部仲裁请求或者全部仲裁反请求。申请人撤回全部仲裁请求的,不影响仲裁庭就被申请人的反请求进行审理和裁决。被申请人撤回全部仲裁反请求的,不影响仲裁庭就申请人的仲裁请求进行审理和裁决。

(二)在仲裁庭组成前,申请人撤回仲裁申请的,撤销案件的决定由仲裁委员会作出;在仲裁庭组成后,申请人撤回仲裁申请的,撤销案件的决定由仲裁庭作出。仲裁委员会或仲裁庭有权决定由提出撤回申请的当事人承担相应的仲裁费用,当事人另有约定的,从其约定。

(三)当事人撤回仲裁申请的,可以根据仲裁协议再次申请仲裁。

(四)因为法律上的原因使仲裁程序不需要或者不可能继续进行的,仲裁委员会或者仲裁庭可以作出撤销案件的决定。

第五十七条　和解

(一)当事人可以自行和解。当事人自行达成和解协议的,可以请求仲裁庭根据其和解协议的内容作出裁决书或者调解书结案,也可以撤回仲裁申请。

（二）当事人达成和解协议后反悔但尚未撤回仲裁申请的，仲裁程序继续进行。已经撤回仲裁申请的，当事人可以根据原仲裁协议重新提出仲裁申请。

第五十八条　调解

（一）仲裁庭在作出裁决前可以根据当事人的请求或者经当事人同意，先行调解。

（二）调解不成的，仲裁庭应当及时作出裁决。但是，任何一方当事人均不得在其后的仲裁程序、司法程序和其他任何程序中援引对方当事人或者仲裁庭在调解过程中的任何陈述、意见、观点或者建议作为其请求、答辩或者反请求的依据。

（三）调解达成协议，必须双方自愿，不得强迫，调解协议内容不得违反法律规定。调解达成协议的，仲裁庭应当制作调解书或者根据调解协议的结果制作裁决书。调解书与裁决书具有同等法律效力。

（四）调解书应当写明仲裁请求、当事人协议的结果和仲裁费用的负担情况。调解书由仲裁员签名，加盖仲裁委员会印章，送达双方当事人。调解书经双方当事人签收后，即发生法律效力。当事人在调解书签收前反悔的，仲裁庭应当及时作出裁决。

（五）调解书出现文字、计算错误或者其他错误，仲裁庭应当补正。当事人也有权在签收调解书后三十日内要求补正。调解书的补正为调解书的组成部分，经送达当事人后生效。

第五十九条　调解员调解

（一）一方当事人在仲裁案件受理后、仲裁庭组成前，提出书面调解申请的，仲裁委员会主任应在收到另一方当事人书面同意之日起三日内，在调解员名册中指定一名调解员对争议进行调解。

（二）调解员的调解不影响仲裁庭组成前的仲裁程序进行。在调解过程中，一方当事人提出暂缓组成仲裁庭的申请，另一方当事人书面同意的，秘书处可以暂缓组成仲裁庭的程序。

（三）接受指定的调解员，应当书面披露可能影响其调解独立性、公正性的情形，并由秘书处及时通知当事人。当事人在调解程序中可以提出调解员回避、更换的书面申请，由仲裁委员会主任作出决定，仲裁委员会主任的决定可不说明理由。

（四）调解员可以采用其认为有利于当事人达成和解的方式对争议进行调解，包括但不限于：

1. 单独或同时会见当事人及其仲裁代理人进行调解；

2. 要求当事人提出书面或口头的调解建议或方案；

3. 依据公允善良的原则，向当事人提出调解建议。

（五）当事人经调解员调解达成和解协议的，申请人可以撤回仲裁申请，或请求此后组成的仲裁庭按照和解协议内容作出仲裁裁决。

（六）在进行调解的过程中，任何一方当事人提出终止调解的，调解员应当终止调解。在任何情况下，调解员的调解程序在仲裁庭组成之日终止。

（七）除非当事人书面同意，接受指定的调解员不再担任本案仲裁员。

第六十条　仲裁程序的中止和恢复

（一）各方当事人共同申请或者一方当事人申请、其他当事人未表示反对的，仲裁程序可以中止。中止后，任何一方当事人申请恢复仲裁程序或者仲裁委员会或仲裁庭认为有必要恢复的，仲裁程序恢复。

（二）出现特殊情况需要中止仲裁程序的，仲裁程序可以中止。特殊情况消失后，仲裁程序恢复。

（三）中止和恢复仲裁程序的决定，仲裁庭组成前由仲裁委员会作出；仲裁庭组成后仲裁委员会可授权仲裁庭作出。程序中止的期间不计算在本规则所规定的程序期限内。

第八章　决定和裁决

第六十一条　决定

（一）在审理案件过程中，仲裁庭有权就涉及的程序问题或程序事项作出决定。

（二）由三名仲裁员组成仲裁庭的，任何决定均应当按照多数意见作出。未能形成多数意见的，应当按照首席仲裁员的意见作出。

（三）经当事人同意或其他仲裁员授权，首席仲裁员也可以就程序事项作出决定。

第六十二条　作出裁决

（一）仲裁庭应当根据事实，按照法律规定，公平合理地作出裁决。

（二）仲裁庭由三名仲裁员组成的，应当按照多数仲裁员的意见作出裁决，少数仲裁员的不同意见可以记入笔录。仲裁庭不能形成多数意见时，应当按照首席仲裁员的意见作出裁决。

（三）仲裁庭由一名仲裁员组成的，由独任仲裁员直接作出裁决。

（四）仲裁庭应当自组成之日起四个月内作出裁决。有特殊情况需要适当延长的,由仲裁庭提请仲裁委员会主任批准。

(五)上述期限不包括决定仲裁管辖权的期间,对专门性问题审计、审核、评估、鉴定、检验、勘验和当事人在庭外自行和解等期间。

第六十三条　确认裁决

(一)仲裁委员会可以根据双方当事人达成的仲裁协议,对下列请求作出确认裁决:

1. 当事人请求确认合同效力的;

2. 当事人在仲裁委员会之外已经就争议达成和解协议或者调解协议,请求仲裁委员会制作裁决书或调解书的。

(二)当事人请求作出确认裁决不得损害社会公共利益或者第三人的利益,不得规避《中华人民共和国民法典》《中华人民共和国民事诉讼法》等中国现行法律中的强制性规定。

(三)仲裁庭应当审查当事人的请求、有关合同、和解协议或者调解协议和其他证据材料,必要时可以依据本规则第三十七条收集证据。

(四)当事人的请求违反本条第(二)款规定的,仲裁庭应当拒绝作出确认裁决,驳回当事人的请求。

第六十四条　部分裁决

(一)仲裁庭认为必要或者当事人提出经仲裁庭同意,仲裁庭可以在最终裁决作出前,就当事人的某些请求事项作出部分裁决。

(二)当事人应当履行部分裁决,不履行部分裁决的,不影响仲裁程序的进行和最终裁决的作出。

第六十五条　费用承担

(一)仲裁庭有权裁决各方当事人应承担的仲裁费用和实际发

生的其他费用，包括但不限于鉴定费用、评估费用、审计费用。

（二）仲裁费用原则上由败诉的当事人承担。当事人部分胜诉、部分败诉的，由仲裁庭根据当事人各方责任大小确定各自应当承担的仲裁费用的比例。当事人自行和解或者经仲裁庭调解结案的，当事人可以协商确定各自承担的仲裁费用的比例。

（三）仲裁庭有权根据当事人的请求，裁决败诉方补偿胜诉方因办理案件支出的合理费用，包括但不限于律师费、保全费、差旅费、公证费。仲裁庭在确定上述费用时，应考虑案件的裁决结果、复杂程度、当事人或代理人的实际工作量，以及案件的争议金额等有关因素。

第六十六条　裁决书

（一）裁决书应当写明案件受理情况、仲裁请求、争议事实、裁决理由、裁决结果、仲裁费用的负担和裁决日期。

（二）当事人协议不写明争议事实和裁决理由的，或者依据当事人和解协议、调解协议的内容作出裁决的，以及依据本规则第六十三条作出确认裁决的，可以不写明争议事实和裁决理由。

（三）仲裁庭应当在签署裁决书前，将裁决书草案提交仲裁委员会核阅。在不影响仲裁庭独立裁决的前提下，仲裁委员会可以对裁决书的形式进行修改，也可以提请仲裁庭注意实体问题。

（四）裁决书由仲裁员签名。对裁决持不同意见的仲裁员可以签名，也可以不签名。

（五）裁决书经仲裁员签名后，应当加盖仲裁委员会的印章。

（六）裁决书自作出之日起发生法律效力。

第六十七条　裁决书的补正和解释

（一）对裁决书中的文字、计算错误或者其他错误，当事人可以在收到裁决书之日起三十日内书面申请仲裁庭作出更正；确有错误的，仲裁庭应当在收到书面申请之日起三十日内作出书面更正。仲裁庭也可以在作出裁决书后的合理时间内自行以书面形式作出更正。该书面更正构成裁决书的组成部分。

（二）仲裁庭负责对裁决书作出解释。

第六十八条　裁决书的补充

裁决有漏裁事项的，任何一方当事人可以在收到裁决书之日起三十日内以书面形式请求仲裁庭就裁决中漏裁的事项作出补充裁决；确有漏裁事项的，仲裁庭应当在收到上述书面申请之日起三十日内作出补充裁决。仲裁庭也可以在发出裁决书后的合理时间内自行作出补充裁决。该补充裁决构成裁决书的组成部分。

第六十九条　裁决书或者调解书的履行

一方当事人不履行裁决书或者调解书的，另一方当事人可以向有管辖权的法院申请执行。

第七十条　申请撤销仲裁裁决

当事人申请撤销仲裁裁决的，应当自收到裁决书之日起六个月内向有管辖权的人民法院提出。

第七十一条　重新仲裁

（一）当事人申请撤销仲裁裁决，人民法院认为可以重新仲裁且仲裁庭同意的，由原仲裁庭进行。

（二）重新仲裁的，原仲裁裁决效力中止。

第九章　简易程序

第七十二条　简易程序的适用

（一）涉案争议金额不超过人民币三百万元的，适用简易程序，当事人另有约定的除外；涉案争议金额超过人民币三百万元（含三百万元）的，经当事人同意也可以适用简易程序。

（二）没有争议金额或者争议金额不明确的，由仲裁委员会依据案件的复杂程度、涉及利益的大小和其他有关因素决定是否适用简易程序。

第七十三条　仲裁庭的组成

适用简易程序的案件，按照本规则第二十七条组成独任仲裁庭，但仲裁员选任期限为七日。

第七十四条　答辩和反请求

适用简易程序的案件，被申请人应当自收到仲裁通知书等仲裁文件之日起十日内向仲裁委员会提交答辩书和有关证明文件；提出反请求的，也应当在此期限内提交反请求申请书和有关证明文件。当事人确有正当理由请求延长上述期限的，由仲裁庭决定是否延长此期限，仲裁庭尚未组成的，由仲裁委员会主任决定。仲裁庭认为有正当理由的，也可以适当延长期限。

第七十五条　审理方式

仲裁庭可以按照其认为适当的方式审理案件。仲裁庭可以决定依据当事人提交的书面材料和证据进行书面审理，也可以决定开庭审理。

第七十六条　开庭通知

（一）开庭审理的案件，在仲裁庭确定开庭日期后，仲裁庭秘书应当于开庭五日前将开庭日期通知当事人。当事人有正当理由的，可请求延期开庭，但必须在开庭三日前书面提出；是否延期，由仲裁庭决定。

（二）当事人有正当理由但未按规定期限提出延期申请的，由仲裁庭决定是否延期。

（三）再次开庭审理日期及延期后开庭审理日期的通知不受第一款时间的限制。

第七十七条　程序变更

（一）变更仲裁请求或者提出反请求导致案件争议金额超过人民币三百万元（含三百万元）的，经一方当事人申请或者仲裁庭认为必要的，可以将简易程序变更为普通程序。是否变更程序，由仲裁庭提请仲裁委员会主任决定。

（二）变更程序后，当事人应当自收到变更程序通知之日起五日内，依据本规则第二十六条各自选定或者各自委托仲裁委员会主任指定一名仲裁员；没有在此期限内选定或者委托仲裁委员会主任指定仲裁员的，由仲裁委员会主任指定；原独任仲裁员作为首席仲裁员，当事人另有约定的除外。

（三）原适用普通程序的案件，仲裁庭组成前，申请人变更仲裁请求的，变更后的仲裁请求金额不超过人民币三百万元的，适用简易程序；仲裁庭组成后，仲裁请求的变更或反请求的提出，不影响普通程序的继续进行。

（四）变更程序前已进行的仲裁程序是否重新进行，由仲裁庭决定。

第七十八条　作出裁决的期限

仲裁庭应当自组庭之日起四十日内作出裁决。有特殊情况需要延长的，由仲裁庭提请仲裁委员会主任批准。

第七十九条　本规则其他条款的适用

本章未规定的事项，适用本规则其他相关规定。

第十章　第三方出资

第八十条　定义

当事人以外的自然人或实体协议承担参与争议的一方当事人在仲裁程序中的全部或部分费用，并约定以获取胜诉裁决一定比例的金额作为第三方出资报酬的情形。

第八十一条　披露义务

接受第三方出资的一方当事人应毫不迟延向仲裁委员会、仲裁庭、紧急仲裁员、其他仲裁当事人书面披露第三方出资的事实、性质、出资者姓名/名称和身份，仲裁庭有权应对方当事人请求或自主要求当事人披露出资协议的存在以及第三方出资者的姓名/名称和身份信息。

在当事人书面披露其接受的第三方出资的事实、性质、出资者姓名/名称和身份后，仲裁员和紧急仲裁员应立即主动向仲裁委员书面披露与第三方出资相关的可能引起对其独立性或者公正性产生合理怀疑的任何事实或者情况，仲裁委员会应当及时将仲裁员书面披露的信息转交当事人。仲裁员和紧急仲裁员的披露、由此产生的仲裁员和紧急仲裁员回避和替换问题，依据本规则第三十、三十一和三十二条的规定。

第八十二条　裁决

在就仲裁费用承担作出最终裁决时，仲裁庭可以酌情考虑第三方出资情形。

第十一章　国际商事仲裁的特别规定

第八十三条　适用范围

（一）仲裁委员会审理国际民商事案件适用本章规定；本章没有规定的，适用本规则其他有关规定；当事人另有约定的除外。

（二）涉及中国香港特别行政区、澳门特别行政区及中国台湾地区的民商事案件，参照适用本章规定。

（三）在中国内地仲裁机构仲裁中，当事人对案件是否具有涉外因素有争议的，由仲裁庭决定。仲裁庭的决定不影响此前已经进行的仲裁程序。在仲裁庭认定案件具有涉外因素后，案件适用本章的规定进行审理。

（四）具有下列情形之一的，仲裁庭可认定为具有涉外因素：

1. 当事人一方或双方是外国公民、外国法人或者其他组织、无国籍人；

2. 当事人一方或双方的经常居所地在中华人民共和国领域外；

3. 标的物在中华人民共和国领域外；

4. 产生、变更或者消灭民事关系的法律事实发生在中华人民共和国领域外；

5. 可以认定为涉外民商事关系的其他情形。

第八十四条　仲裁协议的效力

国际民商事案件的当事人对仲裁协议的效力有异议的，仲裁委员会或仲裁委员会授权的仲裁庭应根据当事人协议选择的法律对仲裁协议的效力作出决定；当事人没有约定适用的法律但约定了仲裁地的，适用仲裁地法律；没有约定适用的法律也没有约定仲裁地或者仲裁地约定不明的，应适用仲裁委员会所在地国的法律。

第八十五条　答辩和反请求

被申请人应当自收到仲裁通知书等仲裁材料之日起四十五日内向仲裁委员会提交答辩书和相关证明文件；提出反请求的，也应当在上述期限内以书面形式提出；申请人应当自收到反请求申请书之日起四十五日内向仲裁委员会提交答辩书和有关证明文件。

第八十六条　仲裁庭的组成

（一）当事人应当自被申请人收到仲裁通知书等仲裁文件之日起二十日内依据本规则第二十六条确定三人仲裁庭的组成人员或者依据本规则第二十七条确定独任仲裁员。

（二）当事人未能依据前款规定选定或者委托仲裁委员会主任指定仲裁员的，由仲裁委员会主任指定。

第八十七条　保全和临时措施

当事人依据外国法提出保全和临时措施申请的，仲裁委员会应当根据相关适用的中国境外法律及本规则的规定，将当事人的保全和临时措施申请转交具有管辖权的法院进行裁定或者提交仲裁庭作出决定或者裁决。仲裁庭可以依据所适用的中国境外法律决定采取其认为必要或适当的保全和临时措施，并有权决定由请求保全和临时措施的一方当事人提供适当的担保。

第八十八条　紧急仲裁员

（一）在仲裁程序适用法律允许的情况下，在仲裁程序开始后、仲裁庭组成之前，当事人因情况紧急需要申请保全和临时措施的，可以向仲裁委员会提出指定紧急仲裁员的书面申请。当事人提交指定紧急仲裁员的书面申请，应当说明理由；是否同意，由仲裁委员会决定。

(二)仲裁委员会决定适用紧急仲裁员程序的,应在收到申请及申请人按规定预缴的紧急仲裁员费用后两日内指定紧急仲裁员,并将指定情况通知所有当事人。仲裁委员会应将申请人的申请材料及其附件同时转发被申请人。

(三)紧急仲裁员的信息披露、回避等事项,参照本规则第三十条和第三十一条的规定办理。当事人若以紧急仲裁员披露的事项为由要求该仲裁员回避,应于收到紧急仲裁员的书面披露后两日内书面提出。逾期没有申请回避的,不得以紧急仲裁员曾经披露的事项为由申请回避。

(四)紧急仲裁员有权采取其认为适当的方式就当事人的保全和临时措施申请进行审查,但应保证各方当事人有合理陈述的机会。

(五)紧急仲裁员应根据本规则第二十二条的规定对保全和临时措施的申请作出决定。

(六)紧急仲裁员应在仲裁庭组成之日起退出该案审理,并应向仲裁庭移交全部案卷材料。

(七)除非当事人另有约定,紧急仲裁员不再担任与该保全和临时措施申请有关的案件的仲裁员。

第八十九条　保全和临时措施决定的作出

(一)对于提交仲裁庭或紧急仲裁员的临时措施申请,仲裁庭或紧急仲裁员应以执行地法律规定的形式作出书面决定,并说明理由。仲裁庭或紧急仲裁员作出的保全和临时措施决定,应当署名并加盖仲裁委员会印章。

(二)仲裁庭或紧急仲裁员作出保全和临时措施决定前,可以根据保全和临时措施申请的内容要求申请保全和临时措施的当事人提供适当的担保。

（三）就本条规定的保全和临时措施决定，紧急仲裁员应在接受指定之日起二十日内作出；仲裁庭应在收到保全和临时措施申请之日起二十日内作出；当事人根据本条第（二）款规定提供担保的，仲裁庭或紧急仲裁员应在当事人提供担保之日起十日内作出。

第九十条　保全和临时措施的变更

（一）保全和临时措施申请的相对方或申请方对临时措施决定有异议的，应在收到保全和临时措施决定之日起三日内向仲裁委员会书面提出。书面提出确有困难的，也可口头提出。

（二）仲裁委员会应将异议申请转交紧急仲裁员或仲裁庭决定是否维持、修改、中止、撤销保全和临时措施决定。紧急仲裁员已经退出审理的，由此后组成的仲裁庭决定是否维持、修改、中止、撤销保全和临时措施决定。

（三）仲裁庭或紧急仲裁员应在收到前述异议之日起三日内，作出是否维持、修改、中止、撤销保全和临时措施决定的决定。

（四）仲裁庭或紧急仲裁员可以自行决定是否修改、中止、撤销保全和临时措施决定。仲裁庭亦可以自行决定是否修改、中止、撤销此前由紧急仲裁员作出的保全和临时措施决定。

（五）仲裁庭或紧急仲裁员根据本条的规定对保全和临时措施决定作出任何变更的，均应以书面形式作出并说明理由。该变更同时构成保全和临时措施决定的组成部分。

（六）仲裁庭或紧急仲裁员应在作出保全和临时措施变更决定之日起五日内，通知具有管辖权的法院。

第九十一条　开庭通知

（一）仲裁庭秘书应当在开庭三十日前将开庭日期通知当事

人;当事人协商一致并经仲裁庭同意,可以提前开庭。

(二)当事人有正当理由请求延期开庭的,可以在开庭十日前书面提出;是否延期,由仲裁庭决定。

(三)再次开庭以及延期后开庭时间和地点的通知,不受本条第(一)款规定的期限限制。

第九十二条　作出裁决的期限

裁决应在仲裁庭组成之日起六个月内作出,需要延长的,由仲裁庭报经仲裁委员会主任批准。

第九十三条　法律适用

(一)仲裁庭应当根据当事人选择适用的法律规则作出裁决。当事人未选择的,仲裁庭应当适用与争议事项有最密切联系的法律规则。

(二)除非当事人另有约定,前款当事人选择的或者仲裁庭决定适用的法律规则系指实体法,而非冲突法。

(三)仲裁庭可以参照国际商事惯例作出裁决。

第十二章　临时仲裁与机构仲裁对接特别规定

第九十四条　适用范围

涉自贸试验区主体的民商事争议,当事人约定在内地特定地点、按照特定仲裁规则、由特定人员组成仲裁庭进行临时仲裁,可以选择与仲裁机构对接程序和裁决文书,也可以选择不对接。当事人约定按照本规则进行临时仲裁和机构仲裁对接的,适用本章规定。本章没有规定的,适用本规则其他规定。

第九十五条　定义

(一)临时仲裁指国务院批准设立的自由贸易试验区内的主体

根据相互之间的约定，在内地特定地点、按照特定仲裁规则、由特定人员组成仲裁庭并以仲裁庭名义对仲裁协议项下的争议进行的仲裁。当事人没有明确选择临时仲裁意思表示的，不视为临时仲裁。

（二）仲裁机构是指根据《中华人民共和国仲裁法》规定由市人民政府组织有关部门和商会统一组建或者由中国国际商会组织设立的中国内地仲裁机构。

第九十六条　对接仲裁机构的确定

进行对接的仲裁机构应当按照以下方式确定：

（一）当事人约定对接机构的，由该机构进行对接；

（二）当事人没有约定对接机构但约定了仲裁规则的，由该仲裁规则的制定机构进行对接，但当事人另有约定的除外；

（三）通过当事人的约定或仲裁规则不能确定中国内地的对接机构的，由临时仲裁庭选定对接机构。

第九十七条　程序配套服务

当事人或者仲裁庭如有需要，可以委托对接仲裁机构提供以下有偿服务：

（一）办案秘书；

（二）文书送达；

（三）联系当事人和仲裁庭；

（四）仲裁员的选定、回避、退出及更换；

（五）保全和临时措施；

（六）庭审服务；

（七）调查取证；

（八）翻译服务；

（九）鉴定服务；

（十）专家论证；

（十一）其他法律服务。

为推进仲裁程序，经当事人同意，临时仲裁庭可以使用对接机构提供的有偿服务，包括但不限于财务管理、秘书服务、场地租赁、案卷保存、代为送达、协助保全和临时措施等。当事人一方不同意仲裁庭使用有偿服务的，应承担因此而产生的不利后果。

第九十八条　仲裁通知书

（一）一方当事人提起仲裁，应向另一方当事人发出仲裁通知书。除非当事人另有约定，仲裁程序于另一方当事人收到该仲裁通知书之日起开始。

（二）仲裁庭组成前，仲裁通知书等文书材料由当事人自行发出，也可以委托对接仲裁机构发出。仲裁庭组成后，由仲裁庭负责双方当事人仲裁文书的交换，或由仲裁庭委托对接仲裁机构进行交换。

第九十九条　重新组成仲裁庭

因仲裁员回避、主动退出案件审理、拒绝接受当事人的选定等事由引起仲裁庭变化的，应由当事人重新选定或请已选定的仲裁庭选定或请对接机构重新选定仲裁员。

第一百条　保全和临时措施

当事人申请保全和临时措施的，可以直接或通过仲裁庭向有管辖权的法院提出，当事人申请保全和临时措施需要仲裁机构配合的，可向对接仲裁机构提出请求。

第一百零一条　程序转化

（一）在临时仲裁过程中的任何阶段，当事人或仲裁庭均可向仲裁委员会申请将仲裁程序转化为机构仲裁。

（二）临时仲裁转化为机构仲裁的，除非当事人另有约定，已经进行的程序继续有效。转化为机构仲裁后，除非当事人另有约定，剩余程序按所选定仲裁机构的仲裁规则进行。

第一百零二条　裁决书和调解书的确认

（一）当事人或仲裁庭可根据本规则将临时仲裁裁决文书，包括但不限于裁决书和调解书，转化为机构仲裁的裁决文书。负责转化裁决文书的仲裁机构应对仲裁主体是否适格、程序是否符合当事人约定以及裁决文书内容是否违反法律强制性规定及公序良俗进行确认，对裁决书的确认不得影响仲裁庭的独立性。

（二）裁决文书经确认符合前款要求的，加盖该仲裁机构的公章进行确认。对不符合前款要求的，不予确认。

（三）仲裁委员会确认后，该临时仲裁视为对接机构的机构仲裁，加盖印章的日期视为文书作出的日期。

第一百零三条　免责条款

（一）除非存在故意或重大过失，仲裁员不对其在仲裁程序中的任何作为或不作为承担责任。

（二）对接仲裁机构的工作人员不对仲裁庭在仲裁程序中的错误疏忽以及所作出的裁决承担责任。

第一百零四条　规则的效力及适用

本对接规则与当事人选定的仲裁规则互为补充，规定不一致时，由当事人约定或者由仲裁庭决定。

第十三章　附　　则

第一百零五条　仲裁地

（一）当事人书面约定仲裁地的，从其约定。

（二）当事人未事先约定仲裁地的，仲裁庭应根据案情确定仲裁地，仲裁庭确定仲裁地时优选位于《承认及执行外国仲裁裁决公约》成员国内的仲裁地点。

（三）仲裁裁决应当视为在仲裁地作出。

（四）除非当事人另有约定，仲裁庭可在其认为适当的任何地点进行开庭、合议，或为其他任何目的举行会议。上述地点与仲裁地不一致的不视为对仲裁地的变更。

第一百零六条　送达

（一）仲裁文书可以采用直接送达、邮寄送达、电子送达等方式或者仲裁庭认为适当的其他方式送达，按照有利于让受送达人收取仲裁文书、通知和其他材料，有利于知悉仲裁情况，有利于提高送达效率的原则确定。当事人对送达方式有约定的，从其约定。

（二）向当事人或者其代理人发送的仲裁文书、通知、材料等，经当面递交或者邮寄至受送达人或者对方当事人提供的受送达人的营业地、注册地、居住地、身份证载明地址、户籍地址、当事人约定的送达地址或者其他通讯地址的，视为已经送达。

（三）经合理查询不能找到受送达人的营业地、注册地、居住地、身份证载明地址、户籍地址、当事人约定的送达地址或者其他通讯地址的，以邮寄、专递的方式或者可提供投递记录的其他任何方式投递给受送达人最后一个为人所知的营业地、注册地、居住地、身份证载明地址、户籍地址、当事人约定的送达地址或者其他通讯地址，视为已经送达。

（四）电子送达实行自愿原则，当事人在合同中约定或书面同意采用电子方式送达并书面约定或确认电子送达地址或者号码的，可以采用电子方式送达除裁决书、调解书、决定书以外的仲裁文书、通知和其他材料。裁决书、调解书、决定书、不适用电子送达。电子送达可以采用传真、电子邮件、移动通信等即时收悉的经受送达人确认的特定系统作为送达媒介,仲裁委员会对应系统显示的传真、电子邮件、手机短信、微信等发送成功的日期为送达日期,但受送达人证明到达其特定系统的日期与对应系统显示发送成功的日期不一致的,以受送达人证明到达其特定系统的日期为准。对于移动通讯工具能够接通但无法直接送达、邮寄送达的,除仲裁裁决书、调解书、决定书外,可以采取电话送达的方式,由送达人告知受送达人仲裁文书、通知和其他材料的内容,并记录拨打、接听的电话号码、通话时间、送达仲裁文书、通知和其他材料的内容,通话过程应当录音以存卷备查。送达仲裁文书,送达人应当将经受送达人签字(盖章)的送达回证、证明已送达的书面文件、视听资料、电子数据等其他材料附卷保存,案卷需附有电子送达成功的书面凭证。

第一百零七条　案卷保存

仲裁庭应当就案卷保存作出安排。仲裁庭应当决定自行保存或委托机构保存案卷材料。未作安排的,仲裁庭应当自行保存或承担保存费用。案卷保存期限不得少于三年。

第一百零八条　期间的计算

(一)期间的计算方法依照本规则的规定,但是法律另有规定或者当事人另有约定的除外。

(二)本规则规定的期限或者根据本规则确定的期限,按照年、月、日计算期间的,开始的当日不计入,自下一日开始计算。按照小时计算期间的,自法律规定或者当事人约定的时间开始计算。

(三)本规则规定的期限或者根据本规则确定的期限,按照年、月计算期间的,到期月的对应日为期间的最后一日;没有对应日的,月末日为期间的最后一日。

(四)期限内的公共假日和非工作日应当计算在期限内。期间的最后一日是法定休假日的,以法定休假日结束的次日为期间的最后一日。期间的最后一日的截止时间为二十四时;有业务时间的,停止业务活动的时间为截止时间。

(五)期限不包括在途时间,仲裁文书、通知、材料在期限届满前交邮、交发的,不算过期。

(六)当事人因不可抗力或者其他正当理由耽误期限的,应当在合理时间内通知仲裁庭,在障碍消除后十日内,可以申请顺延;是否准许,由仲裁庭决定。

第一百零九条　仲裁语言

(一)当事人对仲裁语言有约定的,从其约定。当事人没有约定的,以中文为仲裁语言,但仲裁庭在适当考虑仲裁协议或争议所涉合同使用的语言,以及案件的其他具体情形且征得双方当事人同意后,可以决定以其他语言为仲裁语言。

(二)仲裁庭开庭时,如果当事人或其仲裁代理人、证人需要翻译人员的,可以委托仲裁委员会聘请,也可由当事人自行安排。当事人自行安排的语言翻译需征得对方当事人同意,如不能达成一致则委托仲裁委员会聘请,翻译费用由当事人承担。

(三)当事人提交的各种文书和证明材料,仲裁庭或仲裁委员会认为必要时,可以要求当事人提供相应的中文译本或其他语言译本。

第一百一十条　电子签章

仲裁文书中仲裁员的签名及仲裁委的印章,可以采用直接书写或者直接加盖的形式，也可以采用电子签名或者电子公章的形式。

第一百一十一条　规则的解释

本规则条文标题不用于解释条文含义。本规则由仲裁委员会负责解释。除非仲裁委员会另有声明，仲裁委员会发布的其他文件不构成本规则的组成部分。

第一百一十二条　规则的正式文本

仲裁委员会公布的本规则的中文、英文文本，均为正式文本。不同文本的表述产生歧义时，以中文文本的表述为准。

第一百一十三条　规则的施行

本规则自2020年12月31日起施行。

征稿启事

《武汉仲裁》原名《商事仲裁》，是一本汇集仲裁等民商事理论与实践问题文章的连续出版物，包括专题研究、仲裁实务、理论探索、司法支持与审查、案例评析、精彩裁判文书等栏目。《武汉仲裁》提倡通过理论研究解决仲裁实践中的问题，提倡和尊重有见地的观点和争鸣。竭诚欢迎关心和支持仲裁事业发展的各界人士踊跃投稿。

现将本次征稿事宜说明如下：

一、来稿要求观点明确，论据充分，论证缜密，材料翔实，行文简洁流畅。篇幅在 8000 ~ 15,000 字为宜。

二、投稿可以采用多种方式，包括稿件、软盘和电子邮件。投稿邮箱为：gongzuochu@ whac. org. cn。

三、来稿须有 200 字以内的摘要和 3 ~ 8 个关键词，并将标题、摘要、关键词的英文翻译附于文末。论文的格式规范见附件。引文务必查对准确，注明出处，注释一律采用脚注，每页单独计码，注释体例参照《法学引注手册》。

四、来稿请注明作者姓名、单位、职称（或职务）、学位、研究方向、联系电话、通信地址、邮政编码、E-mail 等信息。若来稿系受基金项目资助成果，请注明项目名称、类别和项目编号。

五、本出版物严格执行学术诚信制度，来稿应系未发表的中文作品。稿件采用与否，编辑部将在3个月内予以答复。超过3个月未收到处理意见者，作者可自行处理，请作者自留底稿。

六、为扩大本出版物影响及作者交流渠道，本出版物已被CNKI中国期刊数据库全文收录。凡向本出版物投稿的稿件，即视为作者同意授权出版其作品，包括但不限于纸质图书出版权、电子版信息网络传播权、无线增值业务权等权利，授权本出版物可授予合作单位再使用、相关数据库收录的权利，作者前述相关的著作权使用费将由编辑部在稿酬内一次性支付。若作者不同意权属授权的，请在来稿时书面声明；作者未书面声明的，视为同意编辑部的前述安排。

七、稿件一经采用，稿酬从优，将及时支付并奉送样刊。对具有特殊价值的稿件，将给予额外奖励。

八、本出版物所载文章，文责自负。

来稿请寄：湖北省武汉市江岸区台北路云林街67号《武汉仲裁》编辑部或武汉仲裁委员会仲裁员工作处收

邮编：430017

电话：(027)85711048(咨询)

联系人：唐云峰　杨依

《武汉仲裁》编辑部

附件：论文统一格式规范

附件

论文统一格式规范

1. 文章标题为宋体，小三，加粗，居中；副标题为宋体，四号，居中。

2. 作者姓名标于论文标题下一行，楷体，小四，居中。作者职务或职称、学位、研究方向以注释的形式在第一页下脚注注明；作者注释符号为“*”。

3. 论文内各级标题为黑体，五号；标题序号依次采用“一”“(一)”“1.”。

4. 内容提要为楷体，五号。

5. 论文正文为五号宋体，全文单倍行距，页面上下左右边距皆设置为2.6厘米。

6. 论文所有注释均采用每页页下脚注，注释序号为①②③，脚注文字为小五号楷体。